U0936565

珍藏本·增订本

纪念版

汉译世界学术名著丛书

嬗变的大都市

——关于城市的概念

〔美〕维托尔德·雷布琴斯基 著

叶齐茂 倪晓晖 译

SINCE 1897

商務印書館

The Commercial Press

Witold Rybczynski

MAKESHIFT METROPOLIS:

Ideas about Cities

(中文版经作者授权，根据斯克莱布诺出版社 2010 年平装本译出)

汉译世界学术名著丛书
（120 年纪念版·珍藏本）
增订本出版说明

2017 年 10 月，为纪念商务印书馆创立 120 周年，本馆推出"汉译世界学术名著丛书"（120 年纪念版·珍藏本），计七百种。近五六年来，仰赖学界同人倾力支持，订正旧译，增补新译，拓展新著，积累日多。为满足读者需要，本馆在七百种的基础上，继续推出"汉译世界学术名著丛书"（120 年纪念版·珍藏本·增订本）三百种。至此，"汉译世界学术名著丛书"累计出版已达千种。

今后，本馆将继续推进丛书的翻译出版工作，在积累单本名著的基础上陆续分辑刊行，汇印出版。为促进中外文明互鉴、推动我国学术发展，使"汉译世界学术名著丛书"这项对我国学术文化有基本建设意义的重大工程发挥更大作用，诚望海内外学术界、翻译界继续给予支持，帮助我们把这套丛书出得更好。

商务印书馆编辑部

2024 年 2 月

汉译世界学术名著丛书
（120 年纪念版·珍藏本）
出版说明

2017 年 2 月 11 日，商务印书馆迎来 120 岁的生日。120 年前，商务印书馆前贤怀揣文化救国的理想，抱持“昌明教育，开启民智”的使命，立足本土，放眼寰宇，以出版为津梁，沟通中西，为中国、为世界提供最富智慧的思想文化成果。无论世事白云苍狗，潮流左右激荡，甚至战火硝烟弥漫，始终践行学术报国之志，无改初心。

迻译世界各国学术名著，即其一端。早在 20 世纪初年便出版《原富》《天演论》等影响至今的代表性著作，1950 年代后更致力于外国哲学和社会科学经典的译介，及至 1980 年代，辑为“汉译世界学术名著丛书”，汇涓为流，蔚为大观。丛书自 1981 年开始出版，历时三十余年，迄今已推出七百种，是我国现代出版史上规模最大、最为重要的学术翻译工程。

丛书所选之书，立场观点不囿于一派，学科领域不限于一门，皆为文明开启以来，各时代、各国家、各民族的思想与文化精粹，代表着人类已经到达过的精神境界。丛书系统译介世界学术经典，引领时代思想，为本土原创学术的发展提供丰富的文化滋养，为推动中国现代学术和现代化进程做出了突出的贡献。

为纪念商务印书馆成立120周年，我们整体推出“汉译世界学术名著丛书”120年纪念版的珍藏本，寄望既利于文化积累，又便于研读查考，同时向长期支持丛书出版的译者、编者和读者致以敬意。

两甲子后的今天，商务印书馆又站在了一个新的历史时间节点上。我们不仅要铭记先辈的身影和足迹，更须让我们的步伐充满新的时代精神。这是商务人代代相传的事业，更是与国家和民族的命运始终紧密相连的事业。我们责无旁贷，必须做好我们这代人的传承与创造，让我们的努力和成果不仅凝聚成民族文化的记忆，还能成为后来人可以接续的事业。唯此，才能不负前贤，无愧来者。

商务印书馆编辑部

2017年10月

城市实实在在地存在着，像一个山洞、一条活鱼，或一堆蚂蚁一样。但是，城市也是一种有意识的艺术作品，在城市的一般结构内，城市保留着许多比较简单的、比较具有个人价值观念的艺术形式。

——刘易斯·芒福德

当然，在表达我们的城市时，我们不能对自己所必须做出的那些表达嗤之以鼻。无数的人自由地制订和实施着他们无数的计划，错综复杂的城市秩序正是对此做出的表达，从许多方面讲，这是一个巨大的奇迹。

——简·雅各布斯

献给

马丁·迈耶森(1922—2007),

城市规划师、教师,我珍视的同事;

马丁·波利(1938—2008),

建筑和设计评论家、专栏作家,朋友。

目　　录

图 目 录

序　　言

像我那一代学建筑的许多学生一样，我也是通过阅读刘易斯·芒福德（Lewis Mumford）和简·雅各布斯（Jane Jacobs）的著作，形成了有关城市的观念。那时我很幼稚，虽然我在课堂内外钻研他们的著作，却没有看出芒福德和雅各布斯在许多重要方面都是思想上的敌手。芒福德惆怅地回首前工业时代的城市，积极地倡导他的偶像——帕特里克·格迪斯（Patrick Geddes）的教诲，规划出小尺度的未来城市。雅各布斯把城市看成有其自身规律的东西，但是她认为，规划师们基本上忽略了她所说的这些规律，或者包括格迪斯在内的现代远景设想者们，故意违背了她所说的这些规律；因此，她从一般意义上怀疑城市规划，特别是怀疑现代城市规划。我曾经见过一次芒福德，记得是在他访问麦吉尔大学时的一个午餐聚会上。那时，他已经预见到了现代建筑和现代城市规划的创造性，这些创造给他一种近乎神话般的感觉。芒福德温文儒雅，但又那么循规蹈矩，与我们似乎格格不入，好像来自另一个时代。雅各布斯则特立独行、争强好胜且直言不讳，她看上去非常像一个容易受别人影响的生手。

从雅各布斯《美国大城市的生与死》（*The Death and Life of Great American Cities*）面世算起，时光已经过去了半个世纪，我

那些幼稚的判断正是在这些飘逝的岁月里不断成熟起来的。例如,雅各布斯漫不经心地搁置了“城市美化”和“田园城市”,现在看来,雅各布斯这样做未免太轻率了;“城市美化”和“田园城市”两个思潮给美国城市留下了不可磨灭的印记,而且它们的影响是有积极意义的。自从我们知道了所谓可防御空间和社区治安以来,这类概念限制了雅各布斯对街头生活富有洞察力的分析。过去50年,城市已经变化了:制造业的逐步消失已经改变了美国许多“大”城市的面貌;内城街区的贫困和种族隔离依然存在;郊区和远郊的蔓延已经成为都市增长的重要驱动力。同时,日益增长的环境意识已经重新燃起了人们对芒福德所号召的区域规划的兴趣。

我们需要在历史背景下去理解雅各布斯和芒福德之间的争论。在第二章,我探讨了20世纪上半叶曾经影响过美国城市规划的三个宏伟构想:“城市美化”“田园城市”和“光明城市”。第三章详细展开了雅各布斯发起的对现代城市规划声势浩大的讨伐,以及这种讨伐给设计专业带来的深远影响。然而,当雅各布斯把重心放在市中心的状况上时,美国的城市化正按照分散化的方向展开,在此之前30年,弗兰克·劳埃德·赖特(Frank Lloyd Wright)已经用他的“广亩城市”预测到了这种蔓延式的城市发展方向,雅各布斯对“广亩城市”这样一种郊区的远景,一直采取不屑一顾的态度,以致她在《美国大城市的生与死》中对“广亩城市”忽略不提。第四章描述了赖特这样一个卓越的天才如何成为有先见之明的人物。在第五章我把这些思潮聚集到一起,说明这三种思潮以及雅各布斯的批判,如何在美国城市发展中发挥着作用，以滨水公园和新的田园城市郊区的变种重新出现。作为赖特远景的延伸，美国城市的边沿正在不断向外延伸，现实早已超出了赖特的预期。

对于独立的事业单元即一个嬗变的大都市而言，无法预期的、近乎混乱的美国城市已经在许多方面实现了雅各布斯的设想。不过，到目前为止，美国城市一直是以始料未及的方式在实现着雅各布斯的设想。最成功的城市街区吸引的并非雅各布斯赞美的蓝领阶层的家庭，而是富裕者和年轻人。雅各布斯支持的、正确地认定为健康城市生活晴雨表的城市活力，已经在规划的商业和居住开发中，找到了新的表达。这些已规划的商业和居住开发规模，堪比雅各布斯当年认为至关重要的城市更新的规模。这些发展都是房地产企业家的手笔，在《美国大城市的生与死》所描绘的“詹姆斯党人”的城市里，还没有这些房地产企业家，不过，他们现在赫然耸现，早已替代规划师而成为我们主要的城市战略家。①

这本书总结了我所了解到的城市规划和城市发展。16 年前，我开始给工商管理硕士专业和房地产专业的学生上一门有

① 作者在这里和书名上使用了两个术语，“Metropolis”和“City”，来表达城市，我们把“Metropolis”翻译成“大都市”，把“City”翻译成“城市”。仅就美国、加拿大和澳大利亚来讲，每个“城市”都是有权征收房地产税的一级政府。因为每个“城市”的规模都不大，所以，它们必然在道路、给排水、能源、通信、垃圾处理、环境等基础设施和公共服务设施上，与相邻的“城市”分享。于是，就产生了“大都市”这样一种区域性质的事物，出现了“大都市”范围的基础设施和公共服务设施规划、建设和管理部门；但是，没有可以征收任何税种的“大都市”一级政府，或者说，不存在选举产生的“大都市”议会和政府，只有由城市政府组成的联系或松或紧的联盟，当然，有实体性质的区域基础设施管理部门。这就是“大都市”和“城市”的差别。—— 译者注

关设计和开发的概论性质的课程。这样，我就认识了沃顿商学院房地产系的同事们，他们基本上是经济学家。不出我的意料，我发现他们致力于城市研究，研究住宅、公共财政、移民和城市贫困。这些经济学家对城市的兴趣，与我所在的设计学院的建筑师和城市规划师的兴趣，别无二致；我们都在关注改善城市、改善居住和工作在那里的人们的生活。当然，经济学家认为，为了应对所设想的变化，我们必须首先认识城市究竟是如何运转的。这样，他们的研究相对比较少地关注城市应该是什么，而更多地关注城市实际上是什么。这就意味着，他们收集和分析大量的数据，试图弄明白为什么人们这样或那样行事，为什么住在他们住的地方，选择他们选择的生活。

尽管规划项目一般从功能分析开始，包括调查场地现状、交通模式等，但是城市设计师的主要目标是，发现新的解决手头问题的形体方案。按照他们的信念，建筑师和规划师关注城市应该是什么样的：比较安全，比较密集，比较绿色，比较多样，比较活跃。建筑师和规划师的工作设想是，城市设计师毕竟是城市专家，城市设计师在思维中掌握了使用者的利益之所在，知道如何最好地实现这些有价值的目标。与此相对比，我的经济学同事们正在处理来自另一端的问题，试图发现人们实际上期待什么。

一座城市究竟是设计愿望的产物，是市场力量的产物，还是两者共同的产物？这些正是我要在这本书中探讨的问题。第六章和第七章记录了一种别样的城市发展史，涉及使用者、消费者和企业家的需要，而不是规划师编制出来的方案。第八章描述了当前建设标志性建筑这一时尚，即所谓“毕尔巴鄂效应”，与城市设计之间的对立。第九章讲述了我们在建设和重建城市中获得的经验教训，描述了我们如何把过去50年所获得的经验教训凝聚成这样一类战略，即把实用的和零碎的开发与公共行动和私人行动结合起来。最后两章对比了两种城市——美国人期待的那种城市，现在的环境危机显示出来的那种我们不得不需要的城市；或许，我们需要的城市不能完全与我们期待的城市相同。而如何解决这个矛盾是下一代城市建设者所面临的主要挑战。

第一章
改造已经建设起来的城市

我站在一幢建筑的楼顶，鸟瞰纽约布鲁克林的滨水区。阳春三月，刺骨的寒风刮过伊斯特河，此时的阳光倒也明媚，当我的视线掠过波光粼粼的伊斯特河，高楼林立的曼哈顿跃然映入眼帘，景色甚为壮丽。陪同我的景观建筑师迈克·范·瓦肯伯格(Michael Van Valkenburgh)告诉我，“每个码头的面积都是五英亩[①]，布莱恩特公园的面积也就这么大。”

在说到沿伊斯特河展开的滨河公园的精彩之处时，范·瓦肯伯格的热情油然而生，这个设想中的公园，从布鲁克林以南的大西洋大道，到布鲁克林以北的曼哈顿大桥，绵延1英里多。现在，这个地区像是一个废弃的停车场，地面铺装破损不堪，各式各样的废弃物和瓦砾堆积在残垣断壁式的围墙背后。沿布鲁克林—皇后高速公路行驶的车流形成了一股持续不断的轰鸣声。虽然旧的码头建筑已经完全被拆除了，但是我们很难想象这个地方会成为一个公园。当然，范·瓦肯伯格勇气十足地告诉我，

① 作者在书中均采用英制计量单位，我们在翻译时没有做公制换算。1英亩=4048平方米，0.4048公顷，0.004048平方公里，6.07市亩；10000平方英尺=929平方米，1.39市亩。100英尺=30.48米。——译者注

这个公园会在四年内基本建成。基建工程下周就开始。

我们站在一幢四层楼高的建筑上，这是范·瓦肯伯格的场地办公室。他和他的合伙人马特·乌尔班斯基(Matt Urbanski)，利用一个50英尺长的模拟沙盘，给我解释了这个项目。这个模型沙盘展示的场景并不是很像传统的公园。使用绿色海绵材料制作的树木，沿着狭长的河岸形成一个绿带，六个货船码头大体构成了这个公园1/3的面积，矩形的船坞像手指似的伸进了河里。在这六个码头中，其中一个打算建成篮球和足球场，三个准备用草地和花丛覆盖，一个计划建成篮球场、手球场和网球场，最后一个设想建成野生生物保护地。范·瓦肯伯格和乌尔班斯基描绘了丰富多样的公用设施，他们不仅打算把这个地区建设成比赛场地，而且还打算建设天然的徒步行走路径，潮汐淌水池(这个河流有四英尺高的潮汐)，供皮划艇运动使用的大规模静水区、若干阳光浴场和野餐区、遛狗区、小艇停靠区，以及露天市场和出租船的上下船坞。所有这些设施的覆盖面积为85英亩。

公园是北美城市的一个特征。不同于欧洲精心营造的绿色广场和园艺艺术场地，北美的城市公园规模之大如同乡村，有湖泊、河流、草地和树林。这些公园大部分建于19世纪下半叶，弗雷德里克·劳·奥姆斯特德(Frederick Law Olmsted)是那个时代对公众态度产生最大影响的人物，他展示了应该如何设计和建设公园。当时，奥姆斯特德的公园，特别是布鲁克林的“展望公园”、曼哈顿的“中央公园”，都是很受欢迎的。城市必须拥有大型公园的观念很快传遍北美大陆，诸如布法罗、蒙特利尔、芝加哥、费城、旧金山、路易斯维尔和许多较小的城市，都开始建设公园。

图 1－1　布鲁克林一个公园的成长

同美国所有公园的建设一样，范・瓦肯伯格追随了奥姆斯特德的足迹。商界大佬、地产大佬和政治家推动了中央公园的建设，而布鲁克林大桥公园的建设则源于一个街区的提议。1988 年，布鲁克林高地的居民建立了一个称之为“布鲁克林大桥公园保护组织”的机构，反对港务局打算在滨河地区进行商业开发的计划；这个组织四处游说，主张建设一个公园（尽管布鲁克林已经有了“展望公园”，但是，布鲁克林的公园用地面积比起美国任何一个大都市区都少）。当时，各方达成了一个妥协方案。布鲁克林市将建设一个公园,但是这个公园的建设资金必须自筹,经各方同意,这个场地面积的20%将用于如住宅这类非公园用途的开发,从而获得公园建设资金。[①]这笔收入直接汇入"布鲁克林大桥公园建设公司"的账户,公司将负责公园的维护,维护费用估计为每年1500万美元(码头维护是十分昂贵的)。在1998年规划编制期间,范·瓦肯伯格的设计所成为这个项目的一个设计咨询单位,后来经过设计竞争,范·瓦肯伯格被任命为这个公园的规划师和首席设计师。

当我们围着这个场地转悠时,范·瓦肯伯格给我描述了三个主要设计挑战,这三个挑战从一方面或另一方面与相邻的布鲁克林—皇后高速公路相联系。50年前,在建设这条高速公路时,为了安抚布鲁克林高地居民、减少公路噪声,罗伯特·摩西的工程师们使用一个步行道覆盖了这个两层楼高的高架高速公路。这样一来,"布鲁克林高地散步长廊"成为了这个街区居民钟爱的特色建筑,一直都被认为是一个历史性的标志。对已提议建设的这个公园来讲,"布鲁克林高地散步长廊"影响巨大,从法律上讲,这个公园的设计需要保护从"布鲁克林高地散步长廊"上观察曼哈顿的视线平面。在这个视线平面里,不能有任何新的建筑凸显出来。这个视线平面覆盖了未来公园整个的中心部分,也就是说,任何新的高层建筑只能出现在这个场地的南北两端。范·瓦肯伯格和他的设计团队,使用这个限制去解决公园的第二个大问题:这条高速公路切断了从布鲁克林高地直接

① 最终的规划仅仅决定拿这个场地10%的面积用于私人开发。

进入公园中心部分的路径。通过集中在场地两端进行开发——北端建设一家酒店和若干公寓大楼，南端建设若干公寓大楼（与一家没有起用的家具工厂相邻，这家工厂已经改造成了公寓）——规划师不仅顾及了这个视线平面，而且创造了他们所谓的“城市路口”，他们希望相邻街区的居民们乐于通过若干入口进入公园。然而，有限的入口意味着这个公园必须成为一个目的地，也就是说，一个自身具有独特吸引力的地方。范·瓦肯伯格说，我们的设计旨在让人们认同，“这个地方值得乘地铁或驱车来看看”。因此，他们设计了适合展开皮划艇运动的静水区，大规模的滨河野餐场地和大型体育竞赛场地，所有这些公用设施在布鲁克林都是不多见的。

第三个挑战是噪声。在设计布鲁克林—皇后高速公路时，设计师们考虑到了减少噪声对布鲁克林高地地区的影响，专门建了弯曲的隔音墙，把噪声向河流方向反射，确切地讲，恰恰把噪声反射到了这个设想中的公园场地上。为了消除噪声，景观建筑师计划在整条高速公路沿线建设土梁。一小部分土梁采用人们可以使用的微度斜坡；土梁顶部则采用陡峭的斜坡，使土梁尽可能高一些。公众不能接近那些使用加固过的泥土建起来的最陡峭部分。给公园的某一部分建起围墙，听起来有些奇怪，但是范·瓦肯伯格告诉我，很多公园，如中央公园，并非所有地方公众都可以接近，简单地讲，就是用这种方式“创造一种氛围”。布鲁克林大桥公园的核心是800英亩的港湾水域，这片水域使整个公园看起来比它实际的面积要大很多。

这个公园的大部分构造物，如围墙、长凳、照明灯，都将呈现出粗糙的外观，范·瓦肯伯格认为，这样处理可以维系整个场地“原汁原味”的工业场地特征。码头的那些重载区用草皮覆盖，而其他地区部分保留原先的地面铺装；衰败的部分已经完全拆除了。计算显示，修复唯一尚存的19世纪的铁路码头是非常昂贵的。这个码头曾经用于火车和船舶之间的货物转运，所以，范·瓦肯伯格的设计团队决定让土质地面和厂房建筑构造保持原先的自然状态，以便把这个废弃的码头改造成筑巢鸟类的栖息地。从神奇的生态工程的认识出发，为了防止老鼠侵害羽翼未丰的幼鸟，将拆除这个码头接陆地的部分，使之成为一个岛屿。最靠近布鲁克林大桥的那个码头，最初是建立在填充起来的地基上的，因此，那里将大量种植树木，形成一个岸边树林。另一个码头只保留钢架结构的货棚，用来支撑新的竞赛场地的遮阳屋顶。必须拆除那些残垣断壁；而水陆相接的部分，要建设起河岸、潮汐水池和游船停泊区；坚实的码头墙可供步行使用。在这个现场办公室，乌尔班斯基给我看了一块沉重且结实的木头，他们在拆除一家工厂工棚时，发现了大量的这种南方黄松木。基于黄松木结实的特点，他们计划回收这种自然干燥、耐气候变化的木材，用于制作长凳、幕墙以及其他公园建筑物。一段用镀锌金属管制作的模拟围墙、拉伸钢索和金属屏幕，让我想起了装卸网络。

奥姆斯特德和他的合伙人卡尔弗特·沃克斯（Calvert Vaux）通过建设游船、溜冰场和音乐广场等活动场地，把市民吸引到中央公园里来；范·瓦肯伯格和他的团队延续了这种主动和被动的娱乐传统，当然，没有维多利亚式的凉亭和音乐台，取

图 1－2　没有预料的城市往日：在伊斯特河里荡起桨

而代之的是若干篮球场和巨大的露天电影屏幕。将私人房地产开发和供公众使用的布鲁克林大桥公园相结合，招致了一些批评，实际上，奥姆斯特德也同样遇到过这种批评。当时的批评认为，建设公园的经济优势是，公园可提高周边房地产的价值，增加城市的税收收入。但在一些地区，现代景观建筑师已经超越了他们的先驱。“中央公园”“展望公园”和其他一些公园设计的基础是重新创造理想的自然景观。英国的一些公园、美国的一些公园就是基于这样的设计理念，如中央公园的“牧羊草原”和“野生的”乡间风情、“展望公园”人造的湖光山色景观，以及安第让达山式的峡谷。范·瓦肯伯格和他的团队打算在布鲁克林创造的景观是滨水场地的产物，包括岸边地区常见的灌木丛林地、淡水湿地、沼泽和浅水栖息地。范·瓦肯伯格做了这样的解释，“我们努力紧密地结合场地条件，使用这些自然分区，推进一种功能生态，尽量少地进行人工干扰，使这种生态最终获得它自己的生命”。奥姆斯特德那一代公园设计者，把他们的创造看成针对周边工业城市的一剂良药；与之相反，范·瓦肯伯格认为，布鲁克林大桥公园是城市地区的一个组成部分。

布鲁克林大桥公园的规划涉及了“看菜吃饭，量体裁衣”或“在哪座山上唱哪首歌”的因地制宜的设计方式，他们需要对相邻街区的意见做出反应；而面临困难的场地条件，考虑到严峻的资金限制，需要因陋就简地规划设计和展开建设。范·瓦肯伯格把景观建筑师的目标描述为，“以一种方式，把对现存事物的认识与建设方式结合起来，这样，不能确定的事件即使发生了，它的结果也还是利好的”[①]。与奥姆斯特德相比，范·瓦肯伯格的务实风格一点儿也不逊色，指引他趋向这种务实方式的理想涉及生态、社区、规划和城市社会物质需求。伴随着宏伟构想和切合实际的方案的不断提出，改造嬗变的美国大都市的新画卷正在展开。

城市不是在真空中成长起来的。城市社会物质需求不能割断历史，我们不仅不能在形体上把城市与历史分割开来，同样，我们也不能在思想上把城市社会物质需求与历史分割开来。为了较好地认识城市规划的可能性和约束性，我们有必要首先考察三个宏伟构想，这三个宏伟构想一直都在影响着我们思考城市的方式，并且这三个宏伟构想帮助我们创造了我们今天看到的城市。

① Urbanism是此书的核心概念，我们把这个词翻译为“城市社会物质需求”“城市生活”，而不是国内出版物上出现的所谓“城市主义”。——译者注

第二章
三个宏伟构想

美国的城市规划在18世纪初就显示出了光明的前景，当时出现了一批殖民定居点，如纽黑文、费城、安纳波利斯、威廉斯堡和令人赞叹的萨凡纳，所有这些定居点都按照精确的原则布局，仔细安排了街道、大道、广场和城镇绿地。这些城市究竟是谁规划的呢？迄今仍然无人知晓。究竟是谁编制了纽黑文不同寻常的九方规划？这个规划里一字棋图形，在中间那个方块里，有一个市场空间；马萨诸塞的定居者们建立了纽黑文（最初称之为昆尼皮亚克），人们一直认为这个规划的编制者是马萨诸塞定居者的领导人之一西奥菲勒斯·伊顿（Theophilus Eaton），或这个群体的一位调查员约翰·布罗克特（John Brockett）。整个纽黑文规划仅仅覆盖了0.5平方英里，雄心勃勃的费城规划则覆盖了1平方英里。费城的街道采用了棋盘式的格局，两个主要交叉路口把整个城市划分成4块，每一部分都有自己的公共广场，整个城市还有一个中心广场。费城的规划师是费城殖民地总调查员托马斯·霍姆（Thomas Holme）船长，人们一般把霍姆描述为工程师，他可能是在军队学的这套技术，当然，这块殖民地的总督威廉·佩恩（William Penn）一定对这个规划有过一些贡献。再

往南走，马里兰的总督弗兰西斯·尼科尔森(Francis Nicholson)为他的新首府——安纳波利斯编制了一个卓越的规划。城市布局包括四个开放空间：两个环形广场(这种环形广场比约翰·伍德的“巴斯马戏场”早30年)，其中一个是公共圈，另一个是教堂圈；一个居住区广场；一个市场。街道从环形广场辐射出去，是巴洛克式的迷你版罗马。

尼科尔森后来被任命为弗吉尼亚的总督，为此，他有机会编制第二个城市规划。这就是威廉斯堡规划，有位历史学家称“威廉斯堡规划”是“美洲殖民地社区规划中最成功的尝试”。[1]

“安纳波利斯规划”主要依靠欧洲的先例，而“威廉斯堡规划”则有些独创性，一条宽阔的大街形成了这个规划的主轴线。威廉和玛丽学院在这条大街的一端，而另一端则是议会大厦。两端之间有一个市场功能的广场，那里最初是法庭和弹药库。总督官邸是这个城镇的另一个主要建筑，尼科尔森把这个官邸建在一个林荫道的顶头，林荫道与这条主街成直角。威廉斯堡规划有两个鲜明的特征：住宅建在宽松的宅基地上，花园环绕四周，紧邻主要街道的地块由浅沟隔断。建筑师兼规划师杰奎琳·T.罗伯逊(Jaquelin T. Roberson)写道，威廉斯堡规划显示了“美国人对事物次序的考虑，崇尚我们的公共建筑、街道、住宅、树木、花园和自然地形的格局”。

萨凡纳的规划师是佐治亚殖民地的创建者和总督詹姆斯·奥格尔索普(James Oglethorpe)。奥格尔索普在英国军队中战功显赫，而且还是一位社会改革家；他所管辖的这个新殖民地有“在职的贫穷人士”，他还禁止奴隶制度。他的著名的城镇规划基础是标准化的行政区，即一个行政区由 40 块宅基地组成，而中心广场被这些宅基地所环抱，公共建筑则面对广场。随着城市的增长，新的行政区有序地增加进来。这个规划看似机械，但是其创意在于，主要道路和次要道路都是城市扩张的一个组成部分，建设连续的、种植上树木的林荫道，这些道路把行政区与非行政区连接起来。对于所有殖民时期的规划来讲，萨凡纳的规划不仅最复杂，也是持续时间最长的。萨凡纳规划是在 1733 年编制的，从此，奥格尔索普的模式一直在指导这个城市的增长，直到独立战争爆发。

然而，大部分殖民城镇缺少萨凡纳和威廉斯堡规划的技巧。建于 1749 年的弗吉尼亚州的亚历山德里亚就是一个典型。84 块一样大小的宅基地——每块占地 0.5 英亩，按照 4 块宅基地组成一个地块的方式，形成一个简单的方格式道路体系，由于有波托马克河，所以，不规则的河岸截断了这个方格道路体系。调查员小约翰·维斯特(John West Jr)和他 17 岁的助手乔治·华盛顿(George Washington)一起，布置了这种经济型的宅基地。40 年以后，华盛顿总统决定将联邦首都建在亚历山德里亚附近。他的国务秘书托马斯·杰斐逊(Thomas Jefferson)被公认为建筑事务专家，杰斐逊建议按照亚历山德里亚的棋盘式格局来布局，甚至画了一张草图。华盛顿把这张草图交给了他的一个叫皮埃尔-查尔斯·L.昂方(Pierre-Charles L. Enfant)的顾问，昂方对此规划设想提出了令人难堪的批判："这种理念的规划的确可以出现在纸上，抑或能吸引某些人的眼球，但当它真正落实到地面上时，计算得如此精确的规划最终将变得令人厌倦且索然无

味，结果绝不会如他所设想的那样；相反，要让真正宏伟、美丽、赏心悦目的形象高水平地延续下去，只能仰仗自然产生的艺术和自然地多样化了的对象。”这番激情满怀的言辞出自一位年轻的法国人皮埃尔-查尔斯·L.昂方之口，他来美国的目的就是为了参加革命战争，后来成为在华盛顿身边工作的人员，官至少校。基于昂方的艺术才干（他改造了纽约的联邦大会堂，华盛顿曾经在那里进行过总统就职宣誓），华盛顿总统委托他绘制未来的联邦首都场地地形图。昂方认为，新的首都应该是“宏伟和壮丽的”，“华盛顿对昂方的这个观点和他的热情印象深刻”，于是，华盛顿委托昂方编制首都规划的事情定了下来。

人们有时把昂方描绘为建筑师或军事工程师。其实，他既不是建筑师，也不是军事工程师，在离开法国时，他不过是一名学习艺术的学生。当然，他会画图，具有城市规划的天赋；另外，他抱有鸿鹄之志。昂方的联邦首都规划有三个主要特征：规划利用了地形优势，把国会大厦安排在一个山丘上，把总统官邸布置在另一个山丘上，建设通往波托马克河的格兰德大道（即今天的“国家广场”）；按矩形对角线安排一级大道，沿一级大道布置重要公共建筑，道路成为这些公共建筑的纽带；在交叉路口建设转盘，纪念性雕塑位于转盘中央。这一布局思想明显受到法国花园设计的影响；以对角线安排一级大道的架构为基础，布置方格式二级街道体系。有历史学家认为，昂方的这个规划是“美国式继承与创新的协调”。[2]

昂方的首都规划影响了 19 世纪早期的许多新城市建设。纽约州的布法罗，被称为“新阿姆斯特丹”，就是以伊利湖畔一个公共广场的对角线延伸布置的。安德鲁・埃利科特(Andrew Ellicott)继昂方之后,成为联邦首都的规划师,正是安德鲁・埃利科特的兄弟——约瑟夫・埃利科特(Joseph Ellicott)编制了“布法罗规划”。印第安纳波利斯、巴托日、克里夫兰,威斯康星的麦迪逊、俄亥俄的桑达斯基,都显示出受到昂方规划思想的影响,历史学家约翰・勒普斯(John Reps)把许多较小定居点的布局形式表述为“乡巴佬式的巴洛克”。[3]

“底特律规划”无可争议地是继华盛顿城市规划之后最大的一次创新,奥古斯塔斯・伍德沃德法官(Judge Augustus Woodward)在1807年完成了“底特律规划”。伍德沃德认识昂方,他对放射型大道规划做出了非同寻常的变更:街道和大道组成一个蜂窝状的八角模式。当然,现在我们几乎看不到伍德沃德的这种布局形式了;当然,在底特律建设的头十年里,这座城市的先驱们已经放弃了这个八角规划,转而青睐直线型方格式布局模式。贯穿整个19世纪,随着定居点向西发展和已经建成的城市的日益增长,除了一些早期实验外,方格式布局模式成为美国人乐于选择的规划模式。按照方格式布局模式进行规划,既不需要具备艺术训练,也不需要考虑地形,简简单单按格子布置城市即可,如旧金山和皮茨堡。对于一个崭露头角的新城市,建设者所要做的工作就是,决定街道宽度和交叉路口之间的距离;剩下的即可自动生成了。私人建筑商给每一地块填充建筑,这里一幢办公建筑,那里一幢住宅建筑,厂房、公共图书馆、百货商店、作坊、娱乐场所、仓库,等等罗列其中,只要当时需要什么,就填进什么。这种实用主义的情绪与民主的平均主义结合了起来。当时

广为流传的民主的平均主义，重点不是放在美学上，而是放在自我创业精神上，这是一种对公共事务事不关己的懒散情绪。

那个时期，绝不缺少观念，甚至不乏理想，19 世纪的公园思潮就是一个明证。[①]

20 世纪上半叶，城市先后受到三个宏伟构想的支配：查尔斯·马尔福德·鲁宾逊（Charles Mulford Robinson）的城市美化国民运动；埃比尼泽·霍华德（Ebenezer Howard）的田园城市观念；勒·柯布西耶（Le Corbusier）的公园里的高楼形象。这些人原本不太可能成为城市的梦想者：查尔斯·马尔福德·鲁宾逊是纽约州北部地区的一位报人，他撰写了美国第一部有关城市规划的著作；埃比尼泽·霍华德是英国议会的速记员，内布拉斯加州的自耕农，他的田园城市观念导致了一个国际思潮的诞生；勒·柯布西耶是瑞士裔的艺术建筑师，他把自己想象为城市规划师，尽管困难重重，但他还是改变了一个他几乎不了解的国家的城市面貌。为了认识我们今天的生活方式，了解规划，有必要了解这三位梦想家如何在一定程度上影响了美国的城市生活观念。

查尔斯·马尔福德·鲁宾逊和公共艺术

在 20 世纪的前 30 年里，美国发生了公民意识的大觉醒。

① 作者在这里跃过了 19 世纪的很多乌托邦社会主义者的城市思想和城市创造性活动，有些美国学者，如吉尔·格兰特（Jill Grant），认为他们对 20 世纪的美国城市发展同样具有一定的影响。实际上，有些观点对于我们思考现在面临的“城镇化质量”问题，还是很有启迪的。如果读者感兴趣，可以参看译者翻译的另外一本书《良好社区规划》（中国建筑工业出版社，2006 年）。—— 译者注

这个创造性时期留下来的最引人瞩目的建筑物就是宏伟的公共建筑，以大理石和花岗岩建造，用纪念碑性艺术加以装饰，成为众多大城市的标志性建筑。丹尼尔·H.伯纳姆(Deniel H. Brnham)设计的华盛顿特区联合火车站就是这类公共建筑的典范，把坚固和典雅与空前的自信结合了起来。这个火车站使用白色花岗岩构筑墙壁，用金箔装饰大厅，铜材制作灯具，因此它极其坚固，仿佛会持续到永远。每当我走进这个高大、拱形的大厅，站在肃穆的、沉思着的战士雕像下，穿过正对国会大厦的圆顶拱形长廊，我不仅有到达一地的清晰感觉，还有一种正在分享公民参与的感觉。

图2-1　查尔斯·马尔福德·鲁宾逊，1915年展开的城市美化思潮的教父

正如联合车站所彰显出来的那样，公众对美丽城市的赞美

在很大程度上源于个人的观念。1869年，查尔斯·马尔福德·鲁宾逊——这个人既不是建筑师，也不是规划师——出生于纽约州拉马波小镇，拉马波并不是城市。鲁宾逊在罗切斯特的一个小康之家长大，在那里念大学，成为记者和自由撰稿人。鲁宾逊的写作范围十分广泛：罗切斯特的城市史、他的曾祖父奥古斯·波特法官的私人传记，以及以罗宾汉为原型的滑稽歌剧的歌词。1899年，他在《大西洋月刊》(*Atlantic Monthly*)上发表了一篇由三部分构成的系列文章，标题为“改善城市生活”。鲁宾逊所描绘的改善主要是艺术性的，但也扩展了他的论题：“当我们谈论美国城市的美学时，总能想起这些城市的公共建筑，想起这些城市的公园、雕塑和林荫大道。但是，对于任何一个可爱的城市的正确概念而言，这些都不过是一个整体的、协调的城市的特殊对象。”他可能写过费城，因为他曾经在费城的《公共账目》(*Public Ledger*)担任过助理编辑，《公共账目》是费城最大的日报。尽管费城有一个地标性的新市政厅，有沿着斯库尔基尔河延伸的一个大型公园，以及当时刚刚建设好的喷泉池，以巨大的乔治·华盛顿骑马雕塑为中心，但是商业建筑和工厂主导了这座城市紧凑的方格式城市区域，宾夕法尼亚铁路高架轨道把费城的商务中心分割得七零八落。

在这个《大西洋月刊》系列文章中，鲁宾逊采用了最广泛意义上的公共艺术的视角，讨论了实际的改善任务，如限制建筑高度、清除广告、清理街道、种植树木，改善照明以及建设公共艺术品。他引述了许多美国城市改善的案例：芝加哥发布了限制与大道和公园相邻的广告牌的命令；纽约发布了保持城市街道清洁的计划；公众在保护波士顿历史性建筑立面方面做了大量的工作。换句话说，他描绘了如何让城市更具有吸引力。他强调，当城市政府在这些城市改善工作中担当起领导角色时，许多私人组织，如公共艺术协会、公园协会及民间俱乐部，也能发挥其作用。鲁宾逊提出，虽然这些工作林林总总，杂七杂八，缺少协调，但是的确可以用“科学的”方式来处理。[2]

随后，1900年，《哈珀杂志》（*Harper's Magzine*）的编辑威廉·迪安·豪厄尔斯（William Dean Howells）邀请鲁宾逊撰写文章，让他谈谈欧洲的城市美化。鲁宾逊访问了巴黎、布鲁塞尔和伦敦，撰写了另一篇由三部分组成的系列文章。[3]同造访欧洲的许多美国人一样，他对欧洲城市的优美印象深刻，同时也认识到，虽然美国富裕起来了，并且正在增加着对世界的影响力，但是美国的城市并非真正符合标准。1901年，鲁宾逊把他有关城市方面的论文汇集成册，以《城镇改良》（*Improvement of Towns and Cities*）为名出版，随后，他对这个主题做了进一步的详细研究，于两年后出版了他的《现代公共艺术》（*Modern Civic Art*）。该书最引人入胜的是，鲁宾逊把他的细致观察与普通常识结合了起来；60年后，城市史学家兼批判家刘易斯·芒福德认为，鲁宾逊的这本书“是他那个时代的杰作，至今值得翻阅”。[4]

鲁宾逊的兴趣在于美学，但是，他对城市的观察不同于唯美主义者的观察。他这样写道，“城市造出来不是供观赏的，而是为了生活。”[5]“倘若我们不把美丽的街道具体化为好的、清洁的街道，那么优美街道的愿望只会留在梦幻里。”[6] 鲁宾逊强调了已建成城市建筑特征的重要性，主张更多地关注市政厅和法院，他把它们称之为“人民的建筑”。他写道，边远的居住区应该有“宽阔的街道和狭窄的街道，笔直的道路和弯曲的道路。在有规律地散布着开放空间的建成区，有供儿童游戏的场所，或供所有人使用的花园。”[7] 他没有轻视美国城市的这些部分，而这些城市部分需要做出最大的改进。

> 在城市比较富裕的地区，可能有雄伟壮观的广场、宽阔的马路，以及挤满了杰出建筑物的显赫场地；公共建筑可能达到了很高的品位和豪华程度，居民居住的建筑可能适当地表达了那个时代的精神，在专业规划师的指导下，建筑物具有多样性，显得和谐相融。但是，随着美学复兴的精神降临到贫民窟，那里也有艺术的冲动在发挥作用，否则，城市美总是不完整的。[8]

鲁宾逊的文章和著作都是 20 世纪美国需要城市规划的先声，当然也是第一次对广大民众谈起这个问题。他写道，“除非我们意识到应该使用艺术的方式去规划城市，否则，我们不会让城市真正美丽起来。”[9] 这是对 19 世纪自由放任态度意义深刻的批判。19 世纪美国城市建设者采用的就是自由放任的态度，他们遗忘了抑或忽视了上一辈人的成就。大型城市公园观念的先驱奥姆斯特德甚至设想，让明显不优美的城市围绕着这些公园延伸。鲁宾逊认为，这样的城市依然不够美。

写作伊始，鲁宾逊就考虑到了广泛的读者群，而当若干国家层面的组织，包括“美国市政协会”“美国城市改善联盟”“美国公园和室外艺术协会”，接受和宣传鲁宾逊的观念时，鲁宾逊的宏图大志终于有了收获。实际上，鲁宾逊是这三个国家组织的执行委员会成员。许多专业团体也倡导城市美化，其中包括当时新成立的“美国景观建筑师学会”，还有一些地方团体、商会、商业俱乐部和市政协会，都在推进城市美化。有些团体基于公民责任的意义从事活动，鲁宾逊也关注到了现代社会的发展倾向，提出城市美化会给城市带来商机。于是，一些团体对鲁宾逊的这个经济命题做出了反应。

鲁宾逊所描述和积极倡导的城市改善，引起了全国范围的兴趣，最终催生了所谓“城市美化”思潮。[10]虽然鲁宾逊在《大西洋月刊》发表的系列文章中使用了“城市美化”这一术语，但是他是在“公共艺术”的意义上使用“城市美化”一词的，“公共艺术”的意义在于公益精神。①当时正好发生了两个广为宣传的国家事件，美的问题便凸显出来，城市美化抓住了公共艺术“美”的方面，这一点不能忽略，正是城市美化成为了大众憧憬的事物。②

当时正好发生在国家层面的第一个大事件是，1893 年在芝

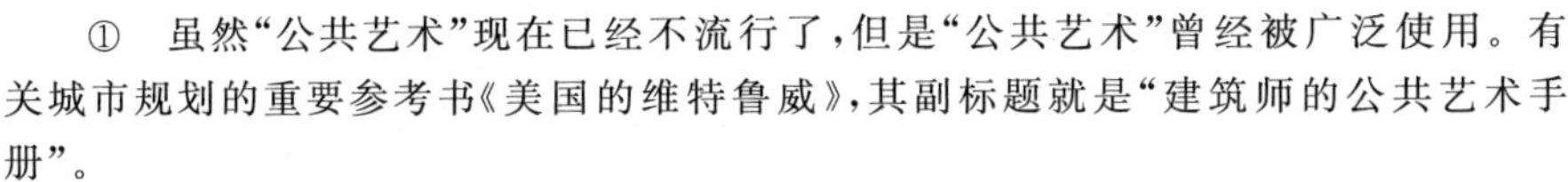

① 虽然“公共艺术”现在已经不流行了，但是“公共艺术”曾经被广泛使用。有关城市规划的重要参考书《美国的维特鲁威》，其副标题就是“建筑师的公共艺术手册”。

② 有些美国学者认为，城市美化规划集中关注的是城镇中心、公园、贯穿性大道。从很大程度上讲，这些美化规划不过是“纪念性市政中心规划”。城市美化规划的实施费用昂贵，除少数商业精英致力于为他们的城市造势外，城市美化规划并非总得到公众的支持。然而，传统建筑保护的建筑师与城市美化思潮相结合，的确产生了许多给人留下深刻印象的建筑物，如邮局、银行、大公司的办公楼。这些建筑物及其对古希腊和罗马文明的某种暗示，确实创造了我们今天所看到的传统的北美城市中心那些极为雅致的建筑物。——译者注

加哥举办的"哥伦布世界博览会"①。奥姆斯特德是这个博览会建筑群的主要规划者之一,这些建筑包括一个艳丽的狂欢节游乐场、一个天然的湖泊和其中的岛屿。博览会的展品是"荣誉宫",一组纪念性建筑围绕着一个大型水池展开,由当时美国的六位领军建筑师设计。整个建筑群称之为"白城",因为这些建筑统一采用了白色调。博览会的这一部分类似于一个城市市政中心。罗伯特·A.M.斯特恩(Robert A.M.Stern)称这个"荣誉宫"为"自杰斐逊时代(指杰斐逊的弗吉尼亚大学校园)以来,美国第一个有效规划的公共建筑群"。这个博览会接待了2700万游客,是一件让美国人大开眼界的事件。[11]"白城"所传达的明白无误的信息是,我们能够规划出宏伟和美丽的美国城市。鲁宾逊给这个博览会撰写了一份图示指南,在这份指南中,他承认博览会对美国的重大意义。他写道,美国正在越来越富裕,人民的视野也随着旅行而扩大,大多数人的"生活必需品的供应"正在大幅增加。[12]所有这些变化都能在城市感受到。

虽然芝加哥博览会包括了兼收并蓄的各式各样的展览馆,从类似于"独立纪念馆"的"宾夕法尼亚殖民地复兴建筑",到路易斯·沙利文(Louis Sullivan)的多彩"交通建筑","荣誉宫"本身的建筑风格还是一致的。围绕这个巨大水池的各式各样的建筑基本上沿袭了意大利文艺复兴时期的风格。若干建筑师——理查德·莫里斯·汉特(Richard Morris Hunt)、查尔斯·麦基姆(Charles McKim)和罗伯特·皮博迪(Robert Peabody),以及雕

① 亦称"芝加哥世界博览会",纪念哥伦布发现新大陆400周年。——译者注

图 2-2　1893 年“哥伦布世界博览会”向美国人展示了他们的城市未来

图 2-3　城市标志的时代：华盛顿特区联合火车站

塑家奥古斯塔斯·圣-高登斯（Augustus Saint-Gaudens）、弗雷德里克·迈克莫尼斯（Frederick MacMonnies）——都在巴黎美术学院学习过。巴黎美术学院是当时世界古典艺术的教育中心。这些人和博览会的总建筑师丹尼尔·巴勒姆都认为，适应于美国情况的古典传统是迅速发展的共和制度下适当的城市模式。如同美国许多建筑师和艺术家一样，巴勒姆和他的同事们把美国登上世界舞台类比于文艺复兴时期欧洲文化的再生。正如历史学家文森特·斯卡利（Vincent Scully）所说的那样，无论如何，美国建筑师毫不出人意料地在城市规划上采用了古典建筑风格的基本模式，因为对完整的或近乎完整的城市形式来讲，古典建筑风格是他们唯一有效的模式。[13]后一代的人或许会认为这个博览会的古典建筑风格是一种倒退，但是他们没说到点子上。芝加哥博览会公开地、令人信服地证明了规划和城市美化的价值。

为城市美化思潮开山辟路的第二件国家层面的大事发生在芝加哥世界博览会之后的第七年。1900 年，美国参议院设立了一个委员会，编制华盛顿市纪念核心区的综合规划。因为这个委员会向参议员詹姆斯·麦克米兰（James McMillan）提供报告，所以该委员会也被称为“麦克米兰委员会”，其成员都在芝加哥世界博览会上工作过：丹尼尔·巴勒姆、小奥姆斯特德（著名景观建筑师奥姆斯特德当时退休了，他的儿子继承父业）、查尔斯·麦基姆和奥古斯塔斯·圣－高登斯（1902 年）。他们公布了新的首都规划，利用一系列绚丽的水彩画和两个巨大尺度的模型描绘了华盛顿中心区的规划方案，展示了“前”和“后”的状况。“麦克米兰规划”重新安排和扩建了“国家广场”，整合了“联邦三角”，建立了“联合车站”“林肯纪念堂”和“杰斐逊纪念堂”场地。[14]虽然巴勒姆、小奥姆斯特德和麦基姆把“昂方规划”称之为先驱，但实际上，他们的设计植根于宏伟的古典建筑传统，有几何轴线、对称的建筑布局，具有纪念性公共雕塑风格上的一致性。华盛顿特区的这个新中心，现在的确是一个“白城”，是那个建筑时代最重要的成就，也成为美国复兴的标志。

在公众的心目中，“芝加哥世界博览会”和“麦克米兰规划”的成功，把“城市美化”的观念与古典建筑联系到了一起，但是鲁宾逊在他的文章和著作中并没有讨论建筑风格。他个人的品位是天主教的（他不喜欢摩天大楼），他要求建筑师们要自我约束。鲁宾逊说，“建筑师们应该认识到，建筑师的问题并非只是一个建筑的问题，还有城市的问题。”[15] 这是一个很好的意见。然而，当鲁宾逊敏锐地提出城市建筑的多样性时，那个时代的领军建筑师所做的建筑设计是清一色的：古典建筑加上古典装饰和统一的雄伟的古典柱廊。这样，城市美化实际上沦为了建设城市地标性建筑，这种思路损害了鲁宾逊的协调多样性的城市愿景，给以后的批判提供了素材。

由于鲁宾逊的文章和著作中所提出的观点，他成为一名国家级人物，许多城市邀请他做规划顾问，如萨克拉门托、圣巴巴拉、韦恩堡、丹佛、德梅因、奥马哈、檀香山。他成为了 1904 年“圣路易斯世界博览会”“模范城市”设计团队的成员；担任了罗切斯特、纽约、哥伦布和俄亥俄规划委员会的成员；伊利诺伊大学城市校区聘他为公共设计专业的教授。当时，伊利诺伊大学城市校区是美国提供城市规划课程的唯有的两所大学之一（另一所是哈佛大学）。即便身兼数职，鲁宾逊也没有中断他的写作。1916 年，他出版了广受欢迎的著作《城市规划》，《纽约时报》把这本书推荐到了“报春书籍”清单中。[16]

1917 年，鲁宾逊因患肺炎而终止了他旋风式的活动，不久后去世，享年仅 48 岁。1916 年，鲁宾逊为他的《现代公共艺术》第 4 版写了一篇新的序言。他写道，“第一版中所提出的许多希望（或可能的远景）已经成为现实；当时提出来向更美好方向发展的某些倾向，现在已经形成了一种思潮；许多提出来供批判的特殊状况，也已经得到了纠正”。[17]他的乐观情绪是完全有道理的，在他生前身后的那几十年里，正是城市美化取得伟大成就的时期。1910 年，国会成立了造型艺术委员会，监督“麦克米兰规划”的执行，随后的十年里，一些关键规划项目，如重建“国家广场”和“林肯纪念堂”，逐步成为现实。圣路易斯、旧金山和圣迭戈的博览会，延续了芝加哥博览会所展示的那种完整的城市总体效果，向美国公众揭示了城市规划的理念。1906 年的旧金山地震和大火，让巴勒姆雄心勃勃的旧金山总体规划搁浅，但是约翰・盖伦・霍华德（John Galen Howard）设计的“新城市中心综合体”还是遵从了“城市美化”的模式。巴勒姆和爱德华・H. 贝内特（Edward H. Bennett）的“芝加哥规划”是那个时期美国城市中最详尽的总体规划，当然，在某些方面，这个总体规划是理论上的。尺度更大一些的有洛杉矶的娱乐地区研究，小奥姆斯特德和规划师哈兰德・巴塞洛缪（Harland Bartholomew）编制了这个规划。该规划设想了跨越 40 年、覆盖 1500 平方英里的区域规划，要求购买价值高达数千亿美元的土地，打算建设公园、娱乐场和海滩。[18]这个设想对南加利福尼亚城市特征的认识十分独特：大部分人居住在独立住宅中，他们的主要交通工具是私家

汽车。这个规划的编制时间是1930年。

由于缺少政治愿望和大萧条，洛杉矶的这个娱乐区规划流产了，但是其他规划项目还是实施了。小奥姆斯特德同父异母的哥哥约翰·C.奥姆斯特德为西雅图编制了城市范围的公园系统。科罗拉多州、内布拉斯加州、威斯康星州和宾夕法尼亚州的首府出现了巨大的政府建筑群。按照以后称之为“城市更新”的早期版本，底特律、克里夫兰、匹兹堡和费城的市中心实施了城市美化。沿着“城市美化”的思路，一些城市规划设计了新的城市大学校区，如巴尔的摩的霍普金斯大学、休斯敦的莱斯大学、达拉斯的南卫理公会大学、洛杉矶的加利福尼亚技术学院、博尔德的科罗拉多大学、华盛顿特区的陆军军事学院，等等。纽约、费城、堪萨斯城、达拉斯、洛杉矶和华盛顿特区均建设了宏伟的火车站。甚至以后在纽约建设的洛克菲勒中心其实也与城市美化思潮有着这样那样的联系，当然，这个建筑采用的是“装饰艺术”风格。总而言之，城市美化思潮给城市改善留下了极其丰富的历史遗产。

鲁宾逊的公共艺术理想大约主导了美国城市规划和建筑30年，随着大萧条和第二次世界大战的爆发，这个理想的影响才告结束。[①]美国几乎没有哪个城市会没有鲁宾逊城市理想中的至少一个具体项目：宏伟的博物馆或火车站、公园或带状公园、具有

① 1900—1930年，美国幸运地有了一大批对城市感兴趣的天才设计师：不仅仅有巴勒姆和麦基姆这类建筑巨人，还有伟大的景观建筑师和规划师，如奥姆斯特德兄弟、沃伦·曼宁、约翰·诺伦、雅克·盖迪纳，以及建筑大腕，如拉尔夫·亚当斯·克拉姆、托马斯·哈斯丁、保罗·菲利普·克雷特和亨利·培根。

图 2-4　城市标志性建筑的时代：纽约公共图书馆

纪念意义的城市广场。实际上，如果没有 1900—1930 年“城市美化”的成就，大部分美国城市基本上会消失。例如，在纽约市，就不会有哥伦比亚大学或纽约大学校园，没有第八大道上的美国邮局办公大楼（至今依然显赫，当然，丢掉了同样宏伟的孪生兄弟——宾夕法尼亚火车站），没有横跨公园大道的纽约中央建筑，也没有纽约公共图书馆。规划理论不断涌现、消失，但这些理论的建筑表达会留存很长一段时期，纽约公共图书馆就是如何在一个城市建设一个公共建筑的范本。现在，没有多少人还记得查尔斯·马尔福德·罗宾逊（Charles Mulford Robinson），但是如果陪伴大理石狮子佩兴斯和佛提图德坐在图书馆宽阔的台阶上，偶尔路过第五大道，或午餐时到布莱恩特公园溜达一会儿，我们都会感受到罗宾逊公共艺术影响的影子。

埃比尼泽·霍华德，田园城市之源

虽然查尔斯·罗宾逊把城市规划看成“现代城市建设的科学”，但其实，城市规划并不是一门科学，而是一门应用艺术。城市规划断断续续地发展着。没有谁比埃比尼泽·霍华德离带有很大偶然性的城市规划发展过程更远。1850 年，霍华德出生于伦敦一个收入微薄的家庭，长大后学做店员，再后来他决定移居美国，做个农民。霍华德和他的两个朋友选择了定居内布拉斯加州，然而，艰苦的条件很快破灭了他们天真的实践，霍华德到芝加哥落脚，为了挣一份回家的路费，他不得不在法庭做书记员。那是 19 世纪 70 年代初期，芝加哥刚刚从大火灾难中复苏，霍华德几乎没有机会看到一个从废墟中建起来的完整城市街区。与其他从灾难中重新崛起的城市一样，芝加哥本身的重建并没有什么特殊之处，原有的街道规划继续保留下来，只不过是在废墟上重新建设新建筑而已。让芝加哥在高层建筑上成为世界领先城市的摩天大楼，是在十年之后才实现的，当时重建这个城市的狂热氛围，一定给这位年轻的英国人留下了深刻的印象。

霍华德从他四年的美国游历中得到的最重要的经验是，城市不仅能够重建，而且能够建设得不同于以往。1868 年，弗雷德里克·L.奥姆斯特德和卡尔弗特·沃克斯完成了一个新的居住社区规划，该社区距离芝加哥“滨河西环”约九英里，正如奥姆斯特德为其所取的名字那样，这个社区在美国甚至在世界上，属

于开规划先河的社区，在当时的美国，当然也是最大的规划社区：整个社区占地1600英亩，有2500幢独立建筑，地处中西部草原。按照奥姆斯特德的说法，“暗示和推论出休闲、安宁和幸福宁静生活的观念”。[19]到了19世纪70年代，尽管“滨河”处在它的初创期，但已显露出避开传统美国城镇的建筑品质：在0.5英亩大小的宅基地上建立一幢独立住宅，有着迂回曲折的乡村道路而不是方格式的街道，新种下成千种的树木和大量的公共绿地。这个开发给人的印象是一个巨大的公园，而不是城市街区。霍华德是否去过这个滨河社区无法考证，但是他有可能听说过这个项目，也可能给他指出了一种分散的、田园牧歌式的、新的城市生活的方向。

霍华德回到伦敦后，找到了一份议会速记员的工作，随后，他结婚，建立了家庭，开始了平凡的生活。他的业余爱好显示出他具有冒险精神，正是这种冒险精神把他带到了美国：他涉足新的发明，尤其是打字机；他对唯灵论感兴趣；他的世界语十分流利；他是地方辩论协会积极的成员，正是在这个团队，他遇到了社会主义者悉尼·韦伯（Sydney Webb）和年轻的乔治·班纳德·肖（George Bernard Shaw）。

雷明顿公司是当时主要的打字机生产商，霍华德在美国时曾经去过这家公司。在一次旅行中，他阅读了马萨诸塞律师爱德华·贝拉米（Edward Bellamy）1888年撰写的小说《回首》（*Locking Backward*）。这本小说的故事情节是，一位波士顿人沉睡了，当他醒来时，时间已经到了2000年，社会已经发生了天翻地覆的变化。贝拉米来自一个社会主义者的家庭，在他关于未来的乌托邦中，国营企业负责满足所有人的需要。贝拉米的2000年波士顿图景，与他当时所处的工业城市形成了鲜明的对比："数英里长的宽阔马路被绿树遮蔽，沿路整齐地排列着美丽的建筑——向各个方向展开。每一个街区都有大型的开放广场，树木簇拥，在落日的余晖下，雕塑闪闪发光，喷泉的水花晶莹剔透。"[20]《回首》当时十分流行，出售了上百万册，全国范围内有超过150个贝拉米俱乐部，这本书的政治影响堪比《汤姆叔叔的小屋》。贝拉米在他生命的最后十年致力于推广他的社会主义，帮助建立了倡导国家资本主义的政党。

虽然霍华德并不同意贝拉米关于社会应该如何在政治上组织起来的专制观点，但是，贝拉米的改良主义城市观还是吸引了他，尤其是关于土地公共所有的观念。实际上，霍华德安排了这本书在英国的出版，他自己给朋友送去了上百册，可以说，霍华德与该书有缘。当贝拉米倡导在国家范围内实施全面的政治改革时，霍华德开始思考，一个按照贝拉米描绘的思路组织起来的社区如何可能成为现实，不是一个含糊的乌托邦未来，而是一个非常具体地建立起来的英国社区。芒福德曾经把霍华德描绘为"实用的理想主义者"。

在19世纪80年代后期，霍华德把他的观点汇集成一部小册子，定名为《明天：一条通向真正改革的和平道路》。霍华德的这本书是把城乡优越性结合到一起的新城市的详细蓝图。他在三个假想的基础上做了详细的经济计算：首先，这个城市的所有土地均为一家公共团体所拥有；其次，这个公共团体购买便宜的农业土地，进行开发建设，进而给这座新城市的未来收益再投资;最后,这个城市的人口规模限制在32000人。霍华德把这个社区称之为“田园城市”,也许是受到芝加哥“花园中的城市”的启发。1902年,这部小册子重印时,霍华德把书名更改为《明日的田园城市》。

尽管霍华德不是一个建筑师,但他还是给他所设想的城市做了图示规划。“田园城市”类似于一种公共艺术实践,对美国的影响是多方面的:有一个“中央公园”,类似于芝加哥“米德韦”的林荫大道;宽阔的大道让人想起奥姆斯特德在布鲁克林安排的林荫大道;如同纽约市一样,用数字命名街道。最具创新的建筑是“水晶宫”,连续的玻璃屋顶,拱廊状的购物中心,其中包括这个城镇的商业区。由于城镇的尺度很小,所以在城市中可以步行,唯一的大规模公共交通是城市铁路,它与相邻的田园城市相连接。

“爱迪生大街”是这个规划中的一条街道,而“田园城市”非常像一个孤独的发明者的杰作:它是古怪创新的奇特混合,有着学究式的分析和详尽的计算。霍华德虽然貌不惊人,却是一个具有非凡效率的公共演讲人,一个不知疲倦的推进者。肖称他为“埃比尼泽田园城市泉”——推崇他组织“田园城市协会”的观点,这个协会很快遍布整个英国。[21] 1902年,霍华德帮助建立了一家公司,这家公司购买了一块土地,建起了冠名为“莱奇沃斯”的第一个田园城市。雷蒙德·昂温(Roymond Unwin)和他的合伙人巴里·帕克(Barry Parker)规划了“莱奇沃斯”。昂温的父亲是非英国国教的新教徒,牛津大学的教师;昂温是威廉·莫里斯(William Morris)及其社会主义理论的追随者。昂温和帕克都是“田园城市协会”的早期成员，在“莱奇沃斯”建筑设计竞争中胜出时，他们已经规划过一个工业村。如同“城市美化”的建筑师一样，昂温认为，美是城镇规划不可或缺的组成部分，他后来成为田园城市思潮的领军建筑师和规划师。但是，他研究过诸如巴黎和柏林这样的大城市，为此，他的规划不是巴洛克的罗马式的，而是民用建筑、中世纪城镇和村庄等具有因地制宜性质的模式。[22]

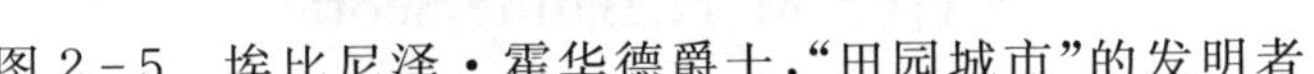

图 2－5　埃比尼泽·霍华德爵士，“田园城市”的发明者

“莱奇沃斯”和田园城市的功能，在于提供一种不同于拥挤工业城市的选择，而正是这种功能让田园城市很有吸引力。然而，没有一个建成的田园城市实现了霍华德所设想的经济自主性。相反，这些田园城市不可避免地依赖于相邻城市的就业市场。1905 年，昂温和帕克规划了“汉普斯特德花园郊区”，通过

图 2-6　1909 年，伦敦附近的模范田园城市郊区：汉普斯特德花园郊区

地铁与伦敦连接，有人这样描述这个花园郊区，“建筑、街道和景观在整体上浑然一体，细部可载入建筑史”，是“田园城市”郊区的雏形。[23]紧挨着“汉普斯特德希思”的整个开发，最终覆盖了 700 英亩土地，昂温和帕克设计了新型的住宅大院，英国领军建筑师 M.H.贝利·斯科特（M.H.Baillie Scott）和埃德温·勒琴斯（Edwin Lutyens）还设计了住宅簇团。当时，汉普斯特德在区位上属于郊区，然而在外观上神似城镇，独立住宅和公寓楼混合相间，镇中心建有中心广场。这个社区基本上遵循了昂温的规则，“一英亩建设 12 幢住宅”，与那个时期的工业城市相比，住宅密度小了很多。

1928 年，霍华德去世。英国国王乔治五世给霍华德册封爵士头衔，赞颂他为英国城市规划的先锋，还当霍华德健在时，他已经看到了“田园城市”精神在欧洲的传播，“Gartebstadate”“Cite-Jardin”“Ciudad-jardin”分别收入了欧洲不同语言的词典中。德国、法国、荷兰都建设了“田园城市”，甚至远达巴勒斯坦，当然，美国尤甚。历史的巧合居然如此惊人，把田园城市观念引入美国的恰恰是弗雷德里克·L.奥姆斯特德的儿子小奥姆斯特德，他父亲弗雷德里克·L.奥姆斯特德在芝加哥滨河地区规划的社区，曾经影响过当时在芝加哥的青年霍华德。大约在20世纪初，小奥姆斯特德就已经成为美国景观建筑专业的核心人物，与父亲齐名。小奥姆斯特德在哈佛大学第一个开设了美国景观建筑课程，他还是“艺术委员会”的成员、美国景观建筑协会的奠基人和会长、美国城市规划学会的第一任会长。小奥姆斯特德和他同父异母的兄弟合作开办的景观设计企业，当时不仅是全美最大的，而且还享誉美国，他们不仅设计景观，也做城市规划。正因为对城市规划感兴趣，促使小奥姆斯特德在1908年到欧洲做了三个月田园城市开发考察，访问了德国、荷兰、法国和英国。在德国期间，他收到了一封客户的来信。慈善家罗伯特·维克斯·德福斯特，以拉塞尔·塞奇基金的名义写道，“我们正在计划做比较大规模的住宅开发，地点是纽约郊区。”“我们不仅仅要建房子，还打算采用不同于城市里那些令人厌恶的矩形布局方式，通过对街道的处理和种植树木，建设可能的小花园和公园，让我们的田园城市有吸引力。”[24]小奥姆斯特德立即回信，“再也没有什么能够像您手上的那些问题让我产生兴趣的了。”[25]这样，美国的第一个田园城市“福斯特山花园”，破土而出。

“福斯特山花园”的场地面积为142英亩，属纽约皇后区行

政管辖,通过当时新建的电气化长岛铁路与曼哈顿连接。预计可容纳 5000 人,基本上是一个家庭居住在一幢独立住宅中,当然,也有少数公寓楼、连排建筑和双门建筑。尽管小奥姆斯特德受到了他在德国和英国所见所闻的影响,同时受到从父亲那里学来的风景原则的影响,但他所做的设计仍然具有完整的原创性。他对着火车站布置了一个城镇广场,作为商业中心。在广场背后,他又安排了一个村庄绿地,从绿地出发,还布置了两个绿道,曲曲弯弯地穿过这个社区,最终到达一个当时已经存在的大型公园。如此一来,这个规划巧妙地把城市和田园协调了起来。居住区的街道与周边纽约的方格式街道贯通起来,这些街道本身的布局不是方格式的;小奥姆斯特德创造了各式各样的道路形式,新月形、内部环路、胡同、死胡同,等等,尽了一个经验丰富的天才规划师之所能来做布局。[26]

从纽约市中心宾夕法尼亚车站乘车,仅需 15 分钟即可到达"福斯特山花园"。下车后,沿着露天楼梯,到达车站出口,你发现自己走在一个铺满鹅卵石的广场,周边被建筑环绕,这些建筑都有很深的拱廊,带有图案的砖头砌筑在半木结构的墙壁上,钟楼和塔楼越过铺着红瓦的坡屋顶。整体效果令人不禁想起中世纪的巴伐利亚小镇,也许像罗滕堡,田园城市规划师和建筑师都十分推崇罗滕堡。在这些拱廊背后是商店、餐馆、专业办公室;楼上是公寓。大部分建筑的高度在三至四层,有一部分建筑高达九层。这些塔状的建筑最初是"福斯特山花园"小酒店,其功能是社区的社会核心,一种垂直的乡村俱乐部。

围绕火车站的这个酒店和其他建筑,是由纽约建筑师格罗

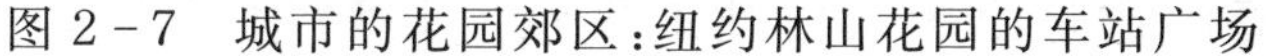
图 2－7　城市的花园郊区：纽约林山花园的车站广场

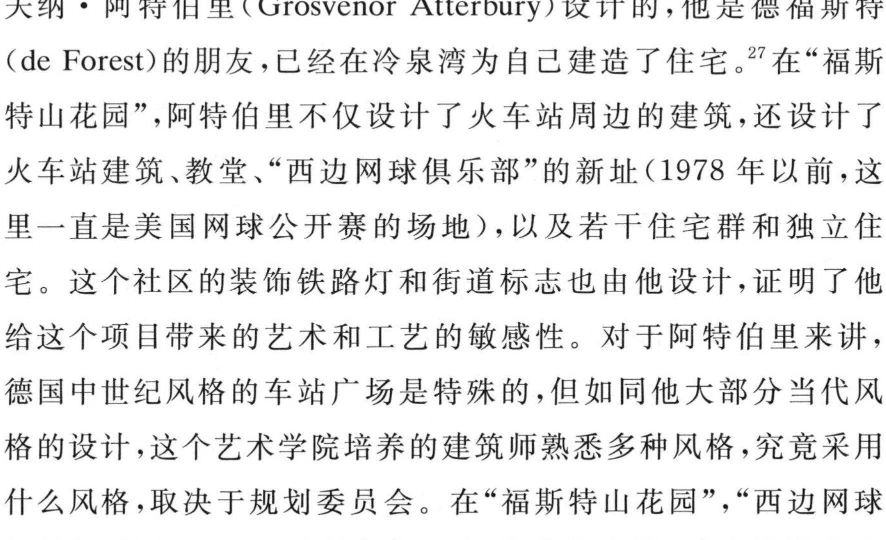
夫纳·阿特伯里(Grosvenor Atterbury)设计的，他是德福斯特(de Forest)的朋友，已经在冷泉湾为自己建造了住宅。[27]在“福斯特山花园”，阿特伯里不仅设计了火车站周边的建筑，还设计了火车站建筑、教堂、“西边网球俱乐部”的新址(1978 年以前，这里一直是美国网球公开赛的场地)，以及若干住宅群和独立住宅。这个社区的装饰铁路灯和街道标志也由他设计，证明了他给这个项目带来的艺术和工艺的敏感性。对于阿特伯里来讲，德国中世纪风格的车站广场是特殊的，但如同他大部分当代风格的设计，这个艺术学院培养的建筑师熟悉多种风格，究竟采用什么风格，取决于规划委员会。在“福斯特山花园”，“西边网球俱乐部”的新址采用的是都铎王朝的建筑式样，教堂是诺曼人的，某些住宅则是伊丽莎白时代的。

阿特伯里是一个非凡的建筑师，他设计过乡村住宅、官邸、百万富翁的农庄，也设计过模范廉价公寓、医院和低收入家庭的住宅。有拉塞尔·塞奇基金作为后盾，阿特伯里拓展了一种小型便宜住宅的建筑制式，在福斯特山项目中，他设计了40幢这类住宅。就在车站广场背后，一个包括14幢楼的相互连接的住宅群，风景画似的无法让人相信，它们完全是用钢筋混凝土建成的。阿特伯里对预制组件有兴趣，发明了一种“受钉混凝土”（这种混凝土可以打钉）。在福斯特山项目中，一种别出心裁的建筑体制——中空水泥楼板和墙壁面板，就是在附近工厂预制出来的；仅九天时间，就能用140个预制块组成一幢住宅。[28]实际上，在美国这是第一次成功地把预制块运用到建设中，在世界上也是首创，时间过去了100年，这些住宅依然处于非常好的状态。

这个广场有两家餐馆，我选择了其中一家吃午餐。那里还有一家理发店和洗衣店，似乎大部分办公室都是房地产公司在租用。在给小奥姆斯特德的信中，德福斯特这样写道，“我相信钱能创造出品位”，事实证明他是对的。[29]1911年，当“福斯特山花园”投向市场时，住宅的价格在3000—8000美元；现在，那里住宅的正常售价超出100万美元，还卖出过几百万美元的价格。[30]在1911年，3000美元是很大一笔钱，如刘易斯·芒福德这样一些住宅改革家们对这个项目进行了批判，因为这个项目并没有给蓝领工人提供住宅，除了预制混凝土的住宅之外，地产商从未打算给蓝领工人提供住宅。[31]拉塞尔·塞奇基金要证明的是，好的规划设计是成功的商业模式的一个组成部分，皇后区的地价非常高昂，因此，住宅的定位是富裕的购买者。

“福斯特山花园”的要旨是，“如何既让事情做得有品位，同时也考虑收益”。[32]第一次世界大战打断了这个项目的正常进行，该项目也没有成为纽约郊区扩展的一个模式，但最终，“福斯特山花园”在美国国内的影响是巨大的。“田园城市”的观念出现在许多公司对城镇或“工业村”的设计中：小奥姆斯特德规划了威斯康星州的“科勒”，这是一家管道制造厂的所在地；阿特伯里规划了两个工业村，一个在马萨诸塞州的“伍斯特”，另一个在田纳西州的“埃尔文”。第一次世界大战期间，小奥姆斯特德成为一个政府机构的经理人，为军工厂的工人建造住房，1918 年，他建设了若干座新的郊区工人社区、新泽西州卡姆登的“约克希普村”、特拉华州威尔明顿的“联合帕克花园”、康涅狄格州布里奇波特的若干项目。显而易见，这些项目都应该感谢“福斯特山花园”。特拉华州威尔明顿的“联合帕克花园”是由小奥姆斯特德的一位才华出众的学生约翰·诺伦(John Nolen)规划设计的，他还规划设计了辛辛那提市外的玛丽蒙德花园郊区，阿特伯里在那里设计了一组住宅。

罗伯特·A.M.斯坦恩把“福斯特山花园”描述为“一种特殊郊区的巅峰之作及其终结。”[33]第一次世界大战结束之后，汽车导向的郊区开始替代铁路导向的郊区，前者与后者相比，没有那么集中，也不可以步行到达，但“福斯特山花园”的许多规划观念还在延续，如建筑、规划和景观天衣无缝地融合到一起。除玛丽蒙德的汽车导向郊区之外，约翰·诺伦还规划了两个完全成熟的城市,田纳西州的金斯波特和佛罗里达州的威尼斯。田园城市的模式影响了房地产开发商,如俄亥俄州克里夫兰夏克海茨的范·斯维根兄弟(Van Sweringen)和密苏里州堪萨斯城乡村俱乐部区的杰西·克莱德 ·尼科尔斯(Jesse Clyde Nichols)。[34] 20世纪20年代,小奥姆斯特德负责两个大型花园郊区社区的规划:佛罗里达威尔士湖外的"湖山俱乐部"和洛杉矶南的"洛斯维第斯庄园",都是专门为拥有私人汽车的家庭而规划设计的社区。20世纪20年代后期,规划师克拉伦斯·斯坦(Clarence Stein)和亨利·赖特(Henry Wright)把田园城市观念用到了皇后区的"桑尼赛德花园"和新泽西郊区的"拉德本"(Radburn)。当时的规划理论影响了他们的规划方式,"街区单元"应该有自己的娱乐设施和学校,这个概念是由克拉伦斯·阿瑟·佩里(Clarence Arthur Perry)提出来的。佩里也为拉塞尔·塞奇基金工作,在他居住于"福斯特山花园"期间发展了他的观念。人们一般把"拉德本"描述为现代规划的早期样板,同所有早期美国花园郊区一样,"拉德本"与埃比尼泽·霍华德改良主义的观念有着千丝万缕的联系。

勒·柯布西耶,公园里的高楼

埃比尼泽·霍华德并不是唯一影响美国城市规划的外国人。1887年,查尔斯-爱德华·让奈赫(Charles-Edouard Jeanneret)出生于瑞士汝拉山的拉绍德封。他在一家地方艺术学院学习雕刻(那个城镇曾经是一个钟表制造中心),在17岁那年设计了第一幢住宅后，他开始走上建筑师的道路。在随后的17年里，让奈赫师从两位重要的欧洲实践者——巴黎的奥古斯特·佩雷(Auguste Perret)和柏林的彼得·贝伦斯(Peter Behrens)，他带着学习建筑的目的游历了意大利、希腊和土耳其，并逐步在瑞士开展建筑实践活动。30岁时，让奈赫感到拉绍德封的天地太小了，于是离开家乡，去了巴黎。

然而建筑委托姗姗来迟。让奈赫提出了工业化建筑生产和住宅大规模生产模型，希望利用第一次世界大战后的重建机会。然而事与愿违，他一事无成，与人合作的水泥预制生意最后也破产了。这个有志于建筑工业化的青年还是一位画家，他在艺术方面的发展情形略微好一点。让奈赫与朋友阿梅代·奥藏方(Amedee Ozenfant)一起，建立了一个被称为纯粹派的艺术流派。他们一起办展览，合作撰写宣言——“后立体派”，既攻击“立体派”也攻击“未来主义”，他们出版发行杂志《新精神》(*L'Esprit Nouveau*)月刊，宣称自己是“国际美学评论”。在这个时期，让奈赫使用勒·柯布西耶这一笔名撰写建筑类文章(为了不让读者知道《新精神》月刊上的大部分文章其实是由两个编辑撰写的)。

勒·柯布西耶对美学做了广泛的解释，他的文章内容涉及家具、住宅的大规模生产，交通，城市规划和建筑。1922年，他应邀在“秋季艺术沙龙”的规划部分做展示。“秋季艺术沙龙”属于前卫艺术和设计展览，曾经展出过包括莫迪里阿尼(Modigliani)、夏加尔(Chagall)、布拉克(Braque)在内的这些前卫艺术家的作品。虽然展览方要求勒·柯布西耶拿出“漂亮的喷泉或类似的东西”，但是勒·柯布西耶拿来展览的东西更为宏大：一个设想的新城市的设计规划。[35]勒·柯布西耶做事总是走极端，这次，他的规划和规划图覆盖了90英尺的墙面，还附有一张巨大的透视图。后来他写道，“我的设想映入人们的眼帘，让他们目瞪口呆，这种震惊引起一阵愤怒，也燃起一股热情。”[36]“300万居民的当代城市”当然就是旨在让人震惊（这正是巴黎当时的规模）。一张巨大的透视图显示，24幢外观一致、60层高的办公大楼构成了一个商务中心，当时的欧洲还没有摩天大楼，埃菲尔铁塔依然是巴黎的最高建筑物。同样激进的是，勒·柯布西耶的这个当代城市没有传统的街道。这些大楼被布置在一个个宽阔的、间隔的方格中，绿地环绕着大楼，而纵横交错的多层道路（卡车在下，小汽车在上）和高架高速公路，镶嵌在绿地里。这个规划的中心是一个火车站，它的楼顶用作飞机场。居住区全部由10层高的公寓楼构成，包括市政中心和大型公园，让人不由得想起纽约的中央公园。勒·柯布西耶采纳了埃比尼泽·霍华德的思想，绿带环绕着城市，在城市的边缘地区，包括了一圈郊区的“田园城市”（年轻时，他曾经在柏林远郊的加滕施塔特生活过）。虽然这个“当代城市”2/3的人口居住在田园城市，但勒·柯布西耶一定是没有时间了，规划中没有包括这些田园城市的设计。勒·柯布西耶的这个设想成为了自学成才的城市规划师非同寻常的首次亮相，当时，他还是一个名不见经传的年轻艺术家，住在巴黎圣日耳曼德佩地区一栋建筑第七层的阁楼上。[37]

三年之后，勒·柯布西耶才有机会再次涉足城市规划，这就是1925年举办的“国际装饰艺术和现代工业展”。这是一个规模大得多的国际博览会，历时6个月，共有200个展馆，从荣军院到大皇宫美术馆，占地70英亩。许多国家的顶级建筑师前来布置他们的展位。约瑟夫·霍夫曼（Josef Hoffimann）设计了奥地利的展馆。维克多·奥尔塔（Victor Horta）设计了比利时的展馆，这个展览会的主要目的是推广法国的文化和工业。参加博览会的法国设计师和建筑师包括埃林·格雷（Eileen Gray）、皮埃尔·查理奥（Pierre Chareau）和罗伯特·玛莱-史蒂文斯（Robert Mallet-Steven）。但是，这个博览会的明星是光彩照人的巴黎家具制造商和承包商，如雅克-埃米尔·鲁赫曼（Jacques-Emile Ruhlmann）、保罗·波列（Paul Poiret）和莫里斯·迪弗雷纳（Maurice Dufrene）。他们的产品几何形状别具一格，使用异国情调的、奢华的材料装饰展馆，产生了一种诞生于这个博览会的风格——"装饰派艺术"。

那时，勒·柯布西耶已经建立了一个小的建筑企业（与他的堂兄皮埃尔·让奈赫合伙），在巴黎及其周围建设了若干别墅，还出版了一本名为《迈向新建筑》（*Vers une Architecure*）的著作，这本书汇集了他和奥藏方在《新精神》月刊上发表过的一些文章，他进而赢得了一些名声。但是，勒·柯布西耶与鲁赫曼（Ruhlmann）、波列（Poiret）完全不是一个道上跑的车，没人知道他究竟是如何进入这个博览会的。勒·柯布西耶以后以他特有的煽情方式做了这样的解释，"没有资金，没有场地，博览会组委会拒绝了我的参展计划"。[38] 勒·柯布西耶乐于把自己描写成一个低调的局外人。实际上，一家著名的航空先驱——加布里埃尔·瓦赞（Gabriel Voisin）汽车公司——资助了他的展馆，博览会组委会明显不看好他教化式的展示材料,但勒·柯布西耶有一个政府部长背景的朋友阿纳托利·德蒙齐(Anatole de Monzie)的支持,是格特鲁德·斯坦因(Gertrude Stein)把勒·柯布西耶介绍给这位部长的。[39]换句话说,这位瑞士建筑师是社会关系的叛逆者。

柯布西耶的这个"新精神"展馆由两个部分组成:一部分是完整的、装饰完毕的公寓样板间,另一部分是一个城市规划展览。公寓有两层楼和一个露天的屋顶平台,勒·柯布西耶把这个公寓称之为"公寓—别墅",把一般的单层住宅和高层居住生活结合起来。城市规划展览包括他在"秋季艺术沙龙"中展示的材料——图、模型和透视图,他提出了更为激进的城市规划。这个称之为"瓦赞规划"的构思,把勒·柯布西耶的理论用到了巴黎的市中心。他的设想覆盖了塞纳河"右岸"的一个面积600英亩的地区,包括圣奥诺雷郊区街、大厅和马莱区,除需要保留的历史性建筑,如玛德琳、巴黎歌剧院、皇宫、旺多姆广场之外,其他建筑全部拆除。勒·柯布西耶提出,"想一下这些垃圾至今仍像干面包屑一样散布在那里,拆除并清理掉它们,建起超过600英尺高的大楼,用巨大的晶莹剔透的玻璃去替代它们"。[40]勒·柯布西耶计划用18幢60层高的摩天大楼替代这些"干面包屑";正如他早先的规划那样,高速路占据街道的位置,绿地环绕着这些建筑。他明确提出,"整个城市是一个公园"。[41]如果有谁认为"300万居民的当代城市"不过是一个思想实验的话,那么"瓦赞规划"则表明,这种志向明确的现代城市的创造者是极其严肃的。

“新精神”展馆在博览会最北端一处偏僻的地方，展馆相当窄小，里面冷冷清清。虽然展馆显现出可以想象的锋芒，但没有获得多少公众的关注。当然，这并非因为勒·柯布西耶在他的公寓样板间使用了非装饰性的大规模生产的建筑材料。《纽约时报》在宣传博览会的报道中没有提到这个“新精神”展馆，《建筑记录》(*Architectural Record*)这份美国专业杂志在长篇报道中，同样没有提到这个展馆。[42]而博览会的官方百科则草草地把“新精神”展馆描写为“异类”。[43]然而，冷淡的反应并没有让勒·柯布西耶气馁，“瓦赞规划”标志了城市规划20年极端活跃期的开始。勒·柯布西耶开始在一本称之为《规划》的书中公布他的“瓦赞规划”和“300万居民的当代城市”。四年以后，这本书被译成英文，书名为《明日之城》，明显参照了《明日的田园城市》。勒·柯布西耶从未提到过埃比尼泽·霍华德，但他对雷蒙德·昂温那种风景式规划持批判态度，他把这种规划讥讽为“对曲线的赞美，华而不实地展示了曲线无与伦比的美”。[44]

与勒·柯布西耶城市理论相关的一个重要提示是，勒·柯布西耶的城市理论不是一种理论，而是多种理论。同鲁宾逊和霍华德一样，这个充满活力的建筑师也是一个大众人物，一个写小册子的人，然而，勒·柯布西耶与鲁宾逊和霍华德有不同之处，他还是艺术家。尽管勒·柯布西耶青睐“笛卡尔式的”和“理性的”这类词汇，但毕竟他也是一个直觉型的思想家，帽子掉下来的一瞬间就能构思出一些解决城市问题的方案，无须经过检验；只要有什么东西在他脑子里闪过，他就会同样快地放弃那些解决城市问题的方案。可以说，在他的“当代城市”设想中，田园

图 2-8 “瓦赞规划”的新巴黎意向

城市扮演了重要角色，而在他1935年的城市小册子《光明城市》中，他则全面谴责了田园城市：“有必要放弃郊区，把自然带进城市。”[45]在他的前两个规划中，棋盘式布置的摩天大楼具有显著特征，在他以后的项目中，这种特征消失了。相反，建筑尺度越来越大。在罗马郊区的一个规划中，只有4幢居住大楼，每一幢大楼容纳3400人；在对巴塞罗那一个新居住区的规划建议中，勒·柯布西耶提出只需建设两栋庞大的公寓楼；在阿尔及尔的一个项目中，他计划把整个商业区放进一个巨大的摩天大楼。这是用巨大建筑构思出来的城市社会物质需求。

20世纪30年代，勒·柯布西耶的总体规划灵感呈爆发之势。他造访了巴塞罗那、日内瓦、斯德哥尔摩、安特卫普和阿尔及尔，还到南美跑了一趟，沿途为蒙得维的亚、圣保罗、布宜诺斯艾利斯、里约热内卢编制了规划。有些规划是详尽的，而有些只是为了参加竞赛，大部分规划不过是一些草图罢了，是某些下午公共讲座之后的草草之作。建筑史学家查尔斯·杰克斯（Charles Jencks）这样描述勒·柯布西耶的这个时期，“[勒·柯布西耶的]城市规划产出是惊人的，不仅仅就绝对规模而言是惊人的，就其徒劳无功而言也是惊人的。没有几个规划受到委托，很少几个得到偿付，几乎没有一个规划有哪怕一点点机会得以采纳。”[46]杰克斯发现，在那个时期，勒·柯布西耶有关城市的文字作品大量增加，表现出重复、夸夸其谈和草率的特征，仿佛正在匆匆忙忙地把他的观点记载到纸上一样。这一点对《光明城市》一书来说尤为真切，这本书本就是专著、剪贴簿和歇斯底里的宣言的结合物。

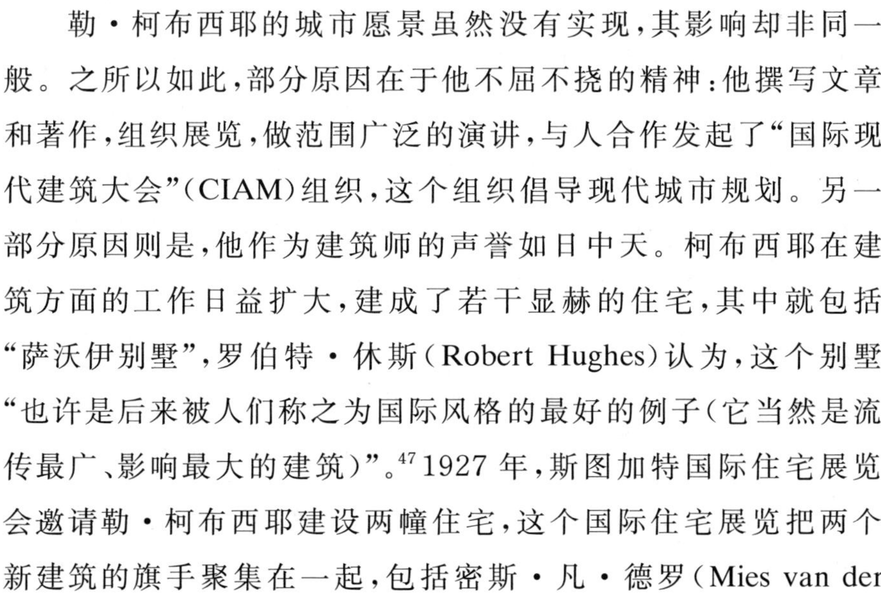

勒·柯布西耶的城市愿景虽然没有实现，其影响却非同一般。之所以如此，部分原因在于他不屈不挠的精神：他撰写文章和著作，组织展览，做范围广泛的演讲，与人合作发起了“国际现代建筑大会”（CIAM）组织，这个组织倡导现代城市规划。另一部分原因则是，他作为建筑师的声誉如日中天。柯布西耶在建筑方面的工作日益扩大，建成了若干显赫的住宅，其中就包括“萨沃伊别墅”，罗伯特·休斯（Robert Hughes）认为，这个别墅“也许是后来被人们称之为国际风格的最好的例子（它当然是流传最广、影响最大的建筑）”。[47]1927 年，斯图加特国际住宅展览会邀请勒·柯布西耶建设两幢住宅，这个国际住宅展览把两个新建筑的旗手聚集在一起，包括密斯·凡·德罗（Mies van der

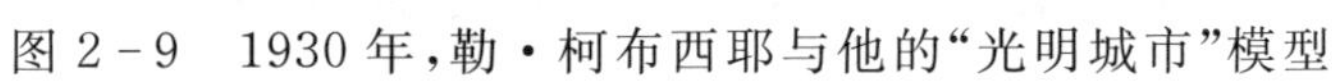

图 2－9　1930 年，勒·柯布西耶与他的“光明城市”模型

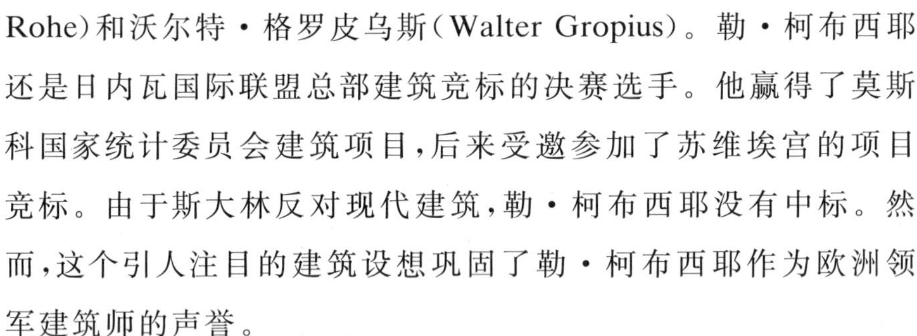

Rohe）和沃尔特·格罗皮乌斯（Walter Gropius）。勒·柯布西耶还是日内瓦国际联盟总部建筑竞标的决赛选手。他赢得了莫斯科国家统计委员会建筑项目，后来受邀参加了苏维埃宫的项目竞标。由于斯大林反对现代建筑，勒·柯布西耶没有中标。然而，这个引人注目的建筑设想巩固了勒·柯布西耶作为欧洲领军建筑师的声誉。

1935 年，勒·柯布西耶受纽约现代艺术博物馆的邀请访问美国。这个博物馆 3 年前曾经在标志性的“现代建筑”展中展出了勒·柯布西耶的作品，这次邀请他来纽约是为举办勒·柯布西耶作品个人展做准备。勒·柯布西耶曾经说过，纽约给他的印象是“神奇高楼的城市”。这一次是这位“瓦赞规划”的创作者第一次现场观察摩天大楼，尽管如此，勒·柯布西耶并没有受到影响。在他到达纽约，接受《纽约先驱论坛报》的访谈时说，曼哈顿的摩天大楼太小了，靠得太近了，他不欣赏这个“令人失望的浪漫城市的分区规划法令”，这种法令规定了建筑退红。这次，勒·柯布西耶在美国待了两个半月，在20个城市举行了演讲，走遍了美国东北部和中西部地区的所有主要大学和学院。无论走到哪里，他都在演讲中，使用彩笔，在大幅白纸上现场绘图，借以说明他的城市观念。青年听众很容易接受他的观念。因为摩天大楼是美国的发明，所以美国很熟悉垂直的城市；当时，美国的人均车辆保有量世界第一，因此，城市规划照顾到驱车的观念是有意义的，比起欧洲意义更大。在欧洲，私人拥有小汽车是一件奢侈的事情；不同于欧洲，美国的市中心一般都是商业中心，美国人对土地使用功能分离也是熟悉的，这一概念是“光明城市”的一个关键组成部分。

那时，尽管勒·柯布西耶寄希望于美国的规划委员会，但没有哪个城市的规划委员会青睐他的观点。当然，在1939年“纽约世界博览会”上大受欢迎的“未来世界”展览中，可以感受到勒·柯布西耶的影响。由工业设计师诺曼·贝尔·格迪斯创造的“未来世界”设想了未来20年的美国。参观者被送至一个巨大模型顶部悬挂的椅子上，如同坐在一个水平向移动的缆车上，观察从东海岸到西海岸的整个美国大陆。[48]这个模型展示了城市化的景观，包括拥有极高摩天大楼、高架步行道和地下停车场的城市。从许多方面讲，模型采用了“瓦赞规划”的设想，当然，贝尔·格迪斯的未来城市比起勒·柯布西耶的要昂贵得多。蔓延的郊区社区环绕着“未来世界”中的城市，它们之间由高速公路网衔接。因为这个展览属于通用汽车公司展馆的一个部分，所以模型装配了成千辆正在运动中的小汽车。

离开这个“未来世界”，每个参观者都得到一个翻领扣，上边写着“我已经看到了这个未来”。这个未来的降临其实根本就不需要等 20 年。仅仅在“纽约世界博览会”结束后 4 年，罗伯特·摩西鼓动“都市人寿保险公司”开始在纽约市建设一系列非同一般的居住项目。人们常常把“帕克切斯特”“斯泰弗森特城”和“彼得·库珀村”描绘为美国版的“光明城市”。[49] 例如，“斯泰弗森特城”是 1943 年由 R.H.斯里夫的团队设计，他们把 8 个城市的一些地块合并成一个大地块，建设了 35 个或多或少有些相似的公寓建筑群，容纳 24000 人。建筑之间包括公园和游乐休闲场地，还有停车位。

与“光明城市”公园式的布局方式一样，其城市功能分区的影响同样深远。美国的大城市，如洛杉矶和纽约，在第一次世界大战前就采用了分区规划法，但是勒·柯布西耶赋予了分区规划一种美学的理论依据。此后，不仅居住功能与商业功能分离，而且自足“中心”的其他多种功能也被孤立起来，如购物中心、会展中心、文化中心、政府中心、体育中心，等等。现代城市不再是各种活动的拼盘杂烩；现代城市是有序的、逻辑的、规划过的。

1965 年，勒·柯布西耶逝世，此时，他已经目睹了其城市愿景在世界范围内变为现实的十年期的一半。在南美，他的巴西门徒们建设了新的巴西利亚城，他在印度编制了昌迪加尔总体规划。20世纪20年代，苏联曾经拒绝过他的建筑，但是苏联采纳了他的大规模住宅生产和高层建筑的城市观念，并把这些观点出口到了中国。在美国，几乎每一个大城市展开的公共住宅项目都采纳了勒·柯布西耶的版本。当时最大的公共住宅项目是芝加哥的“罗伯特·泰勒家园”，这个项目在1962年由该城市领军的现代主义企业——“斯基德莫尔、奥因斯和美林”公司设计，共建设28幢完全一样的公寓板楼，沿2英里长的超级地块精确地一字排开。

此时正值勒·柯布西耶在“秋季艺术沙龙”上推出他的“300万居民的当代城市”创意40年。这个在巴黎阁楼上臆想出来的城市观念本来不太可能在美国实现，然而，事实恰恰就是如此。大约在20世纪50年代后期，“城市美化”和“田园城市”思潮已经在人们的记忆中渐渐淡去，这两个时期的巨人或逝去，如诺伦和阿特伯里，或退休，如小奥姆斯特德。“林山花园”其实没有几十年的历史，但对于新一代建筑师和规划师来讲，尤其与令人耳目一新的“光明城市”相比，它已经算是古板的、过时的了。

第三章
偏方

以"光明城市"为代表的城市观念支配了整个20世纪50年代。最终对这些观念提出质疑,在很大程度上与一个人的影响有关,这个人就是简·雅各布斯,她与查尔斯·马尔福德·鲁宾逊、埃比尼泽·霍华德和勒·柯布西耶并驾齐驱,都是对20世纪美国城市观念产生过重大深远影响的人物。不同于勒·柯布西耶,雅各布斯既不是建筑师,也不是城市规划师;与鲁宾逊相似,她是记者、作者和社会活动分子。雅各布斯与霍华德相似,基本上是无师自通;当然,她会大声疾呼与霍华德的不一致。1916年,雅各布斯出生于宾夕法尼亚斯克兰顿的一个医生家庭。高中毕业后,她学习了文秘课程,之后离开了这座正在衰退的煤矿城市,只身去了纽约。那时正处于经济大萧条中期,她找到了一份速记员的工作,后来又成为杂志自由撰稿人;第二次世界大战期间,她到"美国战争信息办公室"和国务院工作。与建筑师罗伯特·雅各布斯(Robert Jacobs)结婚,受到丈夫订阅的《建筑论坛》(*Architectural Forum*)杂志的影响,1952年,她申请到这家杂志做助理编辑的工作。

《建筑论坛》属"时代周刊公司"所有,《时代周刊》是当时美国最著名的杂志。《时代周刊》的创建人亨利·卢斯(Henry Luce)对设计和城市社会的物质需求感兴趣,为此,他在1932年买下了《建筑论坛》,并把《建筑论坛》变成了美国寿命最长的建筑期刊(这个期刊从来就没有盈利,卢斯对杂志的支持至关重要)。最初,这家杂志聘请雅各布斯是为了让她写些有关医院和学校的文章,然而,雅各布斯所写的文章越来越多地涉及城市问题。[1]

与当今主要由照片构成的建筑期刊不同,《建筑论坛》包括了论题广泛的长篇文章。雅各布斯所从事的报道工作使她有机会去许多城市,费城、华盛顿特区、圣路易斯、沃思堡,她走访那里的城市开发项目,采访规划官员。

1956年,哈佛大学设计研究生院邀请《建筑论坛》的编辑道格拉斯·哈斯克尔(Douglas Haskell)参加一个有关城市规划的会议,并做演讲,恰巧哈斯克尔正在放假,他要雅各布斯代他去参加这个会议。雅各布斯选择了一个把握不大的主题,做十分钟的演讲:城市开发项目缺少商店。她把传统商业街描绘为"有自己奇异智慧的混沌带。而在我们目前的城市秩序概念中,还找不到这类智慧"。雅各布斯的观点是,店主店员都是重要的"公众人物",他们设在街头巷尾的商店的功能不仅仅只是出售东西,而且还是街区的社会中心,甚至那些空置商店的前面,也有作为会面场所的作用。采用在绿地里布置大规模居住楼群模式的新住宅开发项目,不存在这种选择。雅各布斯说,"这是一种荒唐可笑的情形,应该让规划师有些震撼"。雅各布斯以"东哈姆莱"新的住宅项目为例,说明洗衣间如何成了那里的主要社会空间（她曾经是"联合居住区委员会"的成员）。她尖锐地指出，"我们很惊讶，规划师是否知道这个项目的心脏会在地下室。我们也很想知道，建筑师在设计这个洗衣间时，是否知道他们正在设计什么"。[2]虽然雅各布斯缺少学术方面的证书，她的看法都是基于她的直接观察，但是，她的那些结论对建筑和城市规划做出了毫无隐讳的谴责。刘易斯·芒福德也参加了这个会议，他后来描绘了当时的情景，"这类学术会议常常具有专业术语云山雾罩的氛围，她却像一缕清风，淋漓尽致却没有歪曲地给与会者展示了把大量人口集中起来，塞进大规模重建起来的住宅区中的后果"。[3]

小威廉·H. 怀特（William H. Whyte Jr）也参加了哈佛大学的这次会议，他同样对雅各布斯的发言印象深刻，当时，小威廉·H. 怀特担任时代公司旗舰商务杂志《财富》的助理主编。小威廉·H. 怀特是那一年出版的畅销书《组织人》（*The Organization Man*）的作者，他一直都在接受正规的城市教育，后来撰写了若干本在城市设计方面影响很大的著作，包括《最后的景观》（*The Last Landscape*）（1968 年）、《小城市空间中的社会生活》（*The Social Life of Small Urban Space*）（1980 年）、《城市》（*City*）（1988 年）。小威廉·H. 怀特与雅各布斯一样，对城市再开发疑虑重重，他邀请雅各布斯参与《财富》杂志将要发表的有关美国都市系列文章的写作。虽然雅各布斯开始没有接受这个邀请，怀特的同事们把雅各布斯看成半路杀出的程咬金，明显表现出对雅各布斯的冷淡，然而雅各布斯最终还是接受了怀特的邀请，撰写了一篇文章。[4]

1957年9月，这一系列文章开始发表，怀特撰写了首篇文章，题目是“城市是非美国式的吗?”他提出，几十年以来，人们遗忘了美国城市面临的多种挑战①，不仅仅是形体上的衰落和贫困，还包括城区人口向郊区的转移，中产阶级越来越不满意城市生活的证据在迅速增加。联邦政府按照《城市更新法(1948)》给市政府提供支持，清理贫民窟，把土地出售给私人开发。像雅各布斯一样，怀特对城市更新的结果印象很不好。在谈到建筑师们顶礼膜拜的“光明城市”时，怀特写道，“从正在到来的大规模再开发项目的规划中，我们看到了一种新的城市形象，这种城市既无生机也无生气”。对于怀特来讲，关键问题是“这样的城市会声称它自己是一个好的生活场所吗?”[1]

为了回答这个问题，怀特收集了时代公司的资源，与多个城市的记者进行接触，组织了国家范围内的民意测验和观点调查，召集专家会议。例如，他自己的文章就附有高收入公寓居住者的好恶调查，强调了高低层城市生活的差别，在市中心发现了许多现在所谓的“空巢老人”，他们从郊区回到了城市。怀特的文章描绘了许多美国城市典型居住街道的情景:布鲁克林的哥伦比亚高地、旧金山的罗素山、新奥尔良的连排住宅。一位名叫奥菲欧·坦布里(Orfeo Tamburi)的巴黎艺术家，使用像莫里斯·郁特里罗那样的画面提醒读者，美国与欧洲的城市一样，也有城

① 作者这里说的城市是狭义的城市，仅指主城区或中心城区，面积一般也就几个平方公里而已。实际上，广义的城市包括郊区，那些蔓延发展出来的远郊区的面积，数倍甚至数百倍于主城区或中心城区。作者所说的那个时期，正值美国城市发展的重心放到了郊区，而中心城区一直处在衰退过程中。——译者注

市生活的传统。在这之后,《财富》的编辑们,如弗兰西斯·贝罗(Francis Bello)、西摩·弗雷古德(Seymour Freedgood)、丹尼尔·塞利格曼(Daniel Seligman)以及怀特,都给这个系列撰写文章,内容包括交通、城市管理、贫民窟和城市蔓延等主题。这些报道的智慧、详尽和长度都是引人注目的,给人以紧迫感。它们表达的共同信息是,美国的城市具有独特的机会来更新自己,但它们必须正确地去进行城市更新。尽管不是刻意安排,在由6篇文章组成的这一系列中,雅各布斯的文章是收官之作。《财富》的出版商C.D.杰克逊(C.D.Jackson)发现,雅各布斯的文章中存在不少矛盾,怀特和雅各布斯对此持有不同意见,最终这篇文章被延迟了两个月[2],在1958年4月期的《财富》上发表出来。文章的标题是《人的市中心》,它是一篇针对城市更新的檄文。雅各布斯提出了这样一个问题,"这类项目看上去像什么?""它们会是空间宽松的,像公园一样,不感觉到拥挤。它们会有一个很好的绿色景观。它们会是稳定的、对称的和有序的。它们会是清洁的、令人印象深刻的和不朽的。它们会有一个井井有条的、有尊严的墓地。"[3] 为了展开批判,雅各布斯拿出了若干个再开发计划:费城的宾夕法尼亚中心地下通道、匹兹堡市中心类似郊区风格的购物中心、纽约林肯中心的文化超级地块(让杰克逊生气的目标)。她所要阐述的核心观点是,当城市需要改善时,城市改造应该保证和强化传统的城市属性,尤其是那种充满生机的街道。《财富》系列文章的前几个作者依赖调查和专家意见,可雅各布斯所依赖的却是她自己在地面上、人行道上所做的直接观察,借此评估人们在城市大街上的实际行为究竟是什么样的。雅各布斯赞美高密度、复杂性和多样性，指出了小街窄巷、短小地块、新旧建筑混合，商业、文化和居住功能混合在一起的优越性。她在批判建筑师和规划师的城市愿景时写道，“设计一个梦幻的城市不难，改造一个充满生机的城市则要有想象力”。[4] 雅各布斯把城市改造看成零敲碎打的活动，认为对市民的管理超出了专业人士的管理范围。这就预示着，在管理城市发展上，社区群体、审查委员会、商会实际上会发挥主要作用。

《财富》系列文章后来被结集出版，书名为《爆炸的大都市：对城市社会物质需求的冲击和我们的城市如何抵制这种冲击的研究》（*The Exploring Metropolis：A Study of the Assault on Urbanism and How Our Cities Can Resist It*），哈里森·索尔兹伯里（Harrison Salisbury）在《纽约时报》书评栏目头条撰文赞赏了这本书。[5] 该书的编辑内森·格雷泽（Nathan Glazer）是一位 34 岁的社会学家，也是《孤独的人群》（*The Lonely Crowd*）这部颇具影响的著作的合著者。在与格雷泽会面后，雅各布斯邀请他为《建筑论坛》写一篇有关城市社会物质需求的文章。格雷泽撰写了题为“为什么城市规划过时了？”的文章，这篇文章影响了雅各布斯的思想。在文章中，格雷泽指出，以埃比尼泽·霍华德的“田园城市”为基础的城市规划专业，依然适合用来处理大城市的问题。他写道，“当今的城市规划所传递的是从根本上拒绝大城市，拒绝大城市的所有属性——大城市的变化性、大城市的特征、大城市丰富的选择性和经历，而向往田园牧歌式的社会。”[6] 格雷泽第一次提出，从许多方面讲，勒·柯布西耶的“光明城市”与埃比尼泽·霍华德的“田园城市”是截然对立的，“光明城市”

是垂直的而不是水平的，两个概念共享这样一个假定，“我们能够通过一个单一的规划，去替代城市的混沌和混乱，从而让城市得到改善，这种规划不同于过去的城市规划，以往的城市规划设想的是每一个居民、每一个设施和每一块绿地的空间位置，而不是街道和主要公共机构的总体布局”。[7]

格雷泽认为，当时的美国城市规划是霍华德和勒·柯布西耶观念的一种混合，他对当时著名项目的郊区特征提出了批判，如路易斯·I.卡恩（Louis I. Kahn）设计的费城“米尔克里克住宅”、密斯·凡·德罗（Mies van der Rohe）设计的底特律“拉斐特园”，都把公寓大楼和成组的连排住宅结合在一起，布置在绿地里。格雷泽的主要观点是，大城市不单单是在规模上比郊区和小镇大一些，人口密度高一些，实际上大城市的感受要丰富一些，文化和经济更为多样一些。他写道，我们需要的是这样的规划理论，它们创造和保护“城市的特征，而不是郊区或小镇的特征”。[8] 格雷泽不同意这样的建议，他不认为一个无相关利益的人，即规划师，比起市场中多种利益交织在一起的个人，能够更好地组织城市。他认为，个人的决策能够反映鲜活和多样的城市。格雷泽预计历史保护思潮就要到来，因此，他也鼓动拯救老建筑和老街区。

洛克菲勒基金找到了雅各布斯，资助她把在《财富》上发表的文章扩展成一本书，格雷泽把雅各布斯介绍给了兰登书屋的贾森·爱波斯坦（Jason Epstein）。[9] 于是，《美国大城市的生与死》面世了。它包括了雅各布斯曾经在《财富》上发表的一篇文章、在哈佛大学做的一个演讲、在《建筑论坛》上发表的若干文章，她利用《美国大城市的生与死》，详述了以往她所涉及的多个主题。雅各布斯主要以纽约的“格林威治村”（她住在那里）为例，描述了芝加哥的“后场”和波士顿的“北端”这样一些老街区，以及她曾经访问过的开发项目，如费城、匹兹堡和巴尔的摩。雅各布斯一如既往地把繁忙的街道看成成功城市街区的基本要素，当然，为了让街区生活能够照顾到人的利益，她增加了公共安全这样一个基本要素，繁忙的大街是贯穿全书的一个主题。《美国大城市的生与死》是一本论证有力却没有使用专业术语的著作，这本书有着广大的读者群，这与雅各布斯 20 年的记者生涯分不开，也与她在纽约大街步行 20 年的经历分不开。

雅各布斯在《财富》上发表的那篇文章，仅仅提出了“城市美化”思潮是“陈旧的遗产”，几乎没有谈论什么城市规划。《美国大城市的生与死》则不同，这本书开宗明义地表达了作者率直的个性：

> 这本书抨击了当今的城市规划和城市改造。作者在书中还用很大的篇幅，试图引入新的城市规划和城市改造的原则，它们与正在建筑学院和规划学院里传授的以及《周日副刊》、妇女杂志上传达的那些原则不同，甚至相反。我不是对城市改造方法吹毛求疵，以此作为我的抨击基础。我是在抨击已经影响了现代的、正统的城市规划和改造原则。[10]

格雷泽在《建筑论坛》上的文章影响了雅各布斯挑衅性的立

场，然而，雅各布斯走得更远，她把三大观念合并到一起，嘲讽为“光明的田园城市的美”。雅各布斯否认了“城市美化”思潮的成就，如宾夕法尼亚的“本杰明·富兰克林景观大道”、旧金山的“市政中心”。她指出，人们不仅总是避开这些纪念性的空间，而且这些空间对城市的影响一般是消极的而不是积极的。提到“哥伦布世界博览会”时，雅各布斯写道，“当这个博览会成为芝加哥的一部分时，这个博览会在某种程度上并不像一个博览会了”。[11]雅各布斯对“田园城市”同样没有什么好言词。她写道，“埃比尼泽·霍华德不过是抛弃了大都市纷繁杂多的文化生活而已。霍华德对大城市的政策本身，或大城市的观念交流、政治运转及其创造出来的新的经济安排这样一些问题不感兴趣”。[12]雅各布斯不仅批判了霍华德和昂温，还批判了美国区域规划和城市分散化的倡导者们，如芒福德、斯坦恩和赖特，还有住宅专家凯瑟琳·鲍尔。雅各布斯最为蔑视勒·柯布西耶及其“光明城市”。她写道，“勒·柯布西耶的城市好像一架奇妙的机器。这架机器如此有序，看得见，容易了解。灯光一闪，昭然若揭，好似一个很有效果的广告”。[13]雅各布斯严厉指责了消灭街道的主张。“只要有可能，不顾及城市街道，降低和减少作为社会生活和经济组成部分的城市街道，在正统城市规划中，这种观念是最有害、最具破坏性的观念。”[14]

雅各布斯与格雷泽一样，从务实的基础上反对现代城市规划。她写道，“城市是一个巨大的实验室，检验城市建设和城市设计中的错误、失败和成功”。城市规划师为什么不能从这些实验中学到些什么呢？雅各布斯感觉到，从事城市规划工作的规

图 3-1　1962 年的简·雅各布斯，这一年是《美国大城市的生与死》出版发行后的一年

划师和学生们应该研究活生生的城市的成功与失败，而不是从历史的范例和理论预测中去研究城市的成功与失败。雅各布斯坚决反对所谓的"建筑设计教派"，她正是这样看待"城市美化"和"光明城市"思潮的。雅各布斯对现代城市规划的关键假定发起了挑战："城市不是一个艺术创作。当我们面对城市时，我们面对的是最为复杂、最为紧张的现实生活。因此，在建设城市时，存在着一个基本的审美限制。"[15]雅各布斯并没有说美不能成为城市经验的一个部分，但她批判的是建筑师绘制的图示规划，大型项目一般会对开发场地的城市环境进行清理，而对于雅各布斯来讲，那些地方完全脱离了城市生活"杂乱无章的"本质。

《美国大城市的生与死》是 1961 年 11 月出版发行的，随后便得到了广泛的赞誉。①《哈珀杂志》《星期六晚报》《时尚》都发表了一些摘录，对这本书进行了大量评论，大众媒体一般对此表示欢迎，不过，专业杂志对此表示出某种程度的怀疑。当然，所有人都认为这本书是重要的。麻省理工学院的城市规划师劳埃德·罗德文(Lloyd Rodwin)在《纽约时报·书评》撰文，就雅各布斯对城市规划专业的一些批判，提出了不同的看法。尽管如此，他依然认为《美国大城市的生与死》是一本"重要的著作"。[16] 人们曾经可能期待城市规划师对雅各布斯的攻击做出比较强烈的反应，可是大部分规划师并没有这样做。也许，雅各布斯常识性的意见解除了他们的武装，他们从内心世界或许同意了雅各布斯的结论，抑或无论这个信息是什么，他们可能高兴看到公众眼中的城市规划。

《美国大城市的生与死》成为 1962 年非小说类"国家图书奖"的最后竞争者，这项奖最终颁发给了另一本有关城市社会物质需求的著作，即芒福德的《城市史》(*The City in History*)。那时，芒福德已经 67 岁，长期从事文学批判、随笔和技术史写作，他是城市改革家和建筑批评家。自从 1931 年以来，《纽约客》

① 需要提醒读者注意的是，50 年后，雅各布斯这本"里程碑式的著作"不仅遭到本书作者的批判，其实还有许多美国精英人物，也在对此书做出各式各样的批判，例如，哥伦比亚大学教授肯尼思·T. 杰克逊(Kenneth T. Jackson)2009 年出版的《罗伯特·摩西和现代城市：纽约的转型》认为，雅各布斯的预言破产了。正如一位同仁所说，美国的城市规划与设计谈不上一流，可美国人对城市规划设计的自我批判堪称一流。这样一种批判精神，尤其是他们采取的具体的批判角度，比起一个规划方案更值得我们关注，例如，作者在这里对雅各布斯的批判就值得我们在阅读《美国大城市的生与死》时多留一个心眼。——译者注

(*New Yorker*)的“天际线”专栏曾经为他有关城市的观念提供了一个平台，缘于1938年的《城市文化》(*The Culture of Cities*)和1962年的《城市史》(*The City History*)的出版，人们普遍认为他是这个领域的美国领军思想家和作家。如同雅各布斯，芒福德也反对勒·柯布西耶的“光明城市”，然而，他长期以来一直是霍华德“田园城市”规划的倡导者，人们或许期待他对雅各布斯的《美国大城市的生与死》做出公开反应。一年以后，芒福德的确这样做了，他在《纽约客》上使用这样一个标题——《雅各布斯大妈的偏方》，撰写了一篇言辞尖刻的评论文章。

芒福德对《美国大城市的生与死》的负面反应，部分源于他赌气所致。他曾经是雅各布斯的朋友，与雅各布斯保持通信，鼓励雅各布斯写书，而雅各布斯却嘲笑芒福德所尊重的人的著作，把芒福德的《城市文化》称之为“病态的、有偏见的分类图解”。[17] 芒福德和雅各布斯之间的差异是实质性的。他俩都认为城市是复杂的，需要避免简单的解决方案，但芒福德对雅各布斯一概而论的许多问题颇有微词。例如，他不同意雅各布斯把城市公园一概斥之为危险的地方；芒福德是一个土生土长的纽约人，他的年龄足以让他记得中央公园曾经是多么安全(其实，20世纪80年代以后，中央公园再次回归到了安全状态)。雅各布斯声称，高密度住宅、充斥着步行者的街道及混合的经济活动，都能反抗犯罪和暴力，芒福德对此说法同样不以为然，他指出，纽约不太安全的街区——哈林，其实具备雅各布斯所说的三个条件，然而，那里并非安全。芒福德认为，雅各布斯对郊区特征尖酸刻薄的观点是值得商榷的。芒福德写道，“正是成千上万的百姓，而

非那些对城市充满敌意的人，充满着对郊区的向往，沉浸在田园牧歌式的梦境之中”。[18]芒福德还强烈反对雅各布斯有关城市不包含艺术的看法。“有人说，好的形体结构和漂亮的设计并非城市规划的全部事务，雅各布斯则认为，两者对城市规划是完全无所谓的。雅各布斯女士，从站不住脚的位置上，跳到了未经世事的观念，这就是已经发生的事情。”[19]

图 3－2　刘易斯·芒福德，他有关城市的看法与简·雅各布斯的观点发生了冲突

虽然芒福德承认，雅各布斯是一位对城市生活很有见地的观察者，“在认识大都市复杂性上，还没有谁能超越她”，但雅各

布斯断然否定城市规划，却激怒了芒福德。[20]芒福德终身从事规划事业，与苏格兰的城市规划先锋帕特里克·格迪斯爵士(Sir Patrick Geddes)有着私人关系，格迪斯(1854—1932年)的地位如同奥姆斯特德在景观建筑领域中的，是城市规划专业的奠基人。格迪斯接受的基础教育是生物学和植物学，是生态学和自然保护的早期倡导者。他还是田园城市思潮的支持者，并且把霍华德的观念扩展到城市区域。格迪斯的影响十分广泛，不仅包括对昂温和诺伦的影响，甚至还包括勒·柯布西耶。1923年，芒福德、斯坦和建立美国区域规划协会的其他城市改革者，推进了若干个著名的开发，如新泽西的拉德本、纽约市的森尼赛德花园。这样，雅各布斯批判的许多规划社区都是芒福德个人支持的项目。芒福德在斯坦和赖特规划设计的森尼赛德花园里居住了十年。他声称，森尼赛德花园"不是乌托邦，比起现存的纽约街区要好，甚至比雅各布斯一潭死水的格林威治村还要好"。[21]

芒福德把《美国大城市的生与死》描述为"直觉和怀旧情感的混合，成熟的判断和学校女生所犯低级错误的混合"。[22]这种看法可能有些刻薄，可并不是完全错误的。雅各布斯接受的是做一名记者的训练，而不是做学术研究的训练，她倾向于戏剧化和夸大印象，选择支持自己命题的证据。雅各布斯的城市史知识是有限的，例如，雅各布斯没有认识到，"城市美化"思潮并非只是关于标志性的市政中心和林荫大道，还涉及零碎的改善行动。雅各布斯有关美国"田园城市"思潮影响的简史，简单地略过了第二次世界大战前那个成就斐然的时期，她似乎不知道伯纳姆的"芝加哥规划",以及与此相关的对丰富多样性的城市生活的全面描绘,或对"林山"功能混合和高密度居住开发的综合描绘,实际上,这些描绘与雅各布斯的信念很接近。雅各布斯还特别喜欢从小例子中得出一个大道理,她用洛杉矶历史上犯罪率最高的1958年,证明汽车导向的城市具有与生俱来的危险。这个命题存在疑点,其实,对于那个时期来讲未来将要发生的事实是,步行导向的城市犯罪率,如巴尔的摩、圣路易斯和纽约市,很快就飙升起来。雅各布斯对城市衰退的分析同样是有缺陷的。城市并非由于拙劣的规划而陷于困境,在第一次世界大战之前,是因为中产阶级搬迁到了郊区,而把贫困人群留在了城里,犯罪率上升,种族关系紧张,远离了雅各布斯所赞美的高密度市中心街区。

雅各布斯既不是社会学家,也不是城市史学家,这是《美国大城市的生与死》的一个不足之处,当然,也是《美国大城市的生与死》的长处。雅各布斯以不同于职业规划师的角度去看待她的主题;她不是去构造城市应该是何样的理论,而是试图认识城市实际上是什么,它们如何运转及如何无法运转。在规划师看到混乱的地方,雅各布斯却发现了一个盘根错节的人类关系网;在规划师感觉杂乱无章的地方,雅各布斯却发现了生机和活力。雅各布斯不同意规划师把城市定义为一种简单的构造,无论这种构造是生物的还是技术的,而是提出了她自己的惊人比喻:城市是一个黑暗的场地。

在这个黑暗的地方,许多火在燃烧。它们规模各异,有

> 些很大，有些则很小；有些相距很远，有些则靠得很近，有些正在熄灭。每一种火，不论大小，都会让自己的光芒照射到周围的黑暗中，这样，火产生出一个空间。当然，这种空间及其形状仅仅在火所产生的光明范围内存在。
>
> 除非光线照耀到空间中，否则黑暗是没有形状或模式的。光线之间的黑暗变得更深、不可捉摸和没有形状，让黑暗有形状或结构的唯一方式是在黑暗中燃起新的火焰，或充分加大附近存在的火。[23]

雅各布斯认为，城市并非一个“简单的问题”，以至于我们可以单凭一个方向的方案就可以解决它，例如人车分离，或把所有的人都塞进高层建筑，或建设一座公园。其实，城市也并非如此混乱，以至于它需要通过分区而得到彻底的认识，如孤立、住宅、商业和工业。雅各布斯认为城市是“复杂问题”，若干变量巧妙地组织成一个相互联系的整体。雅各布斯得出这样的结论，“无数的人自由地制订和实施着他们无数的计划，错综复杂的城市秩序正是对此做出的表达，从许多方面讲，这是一个巨大的奇迹”。[24]①

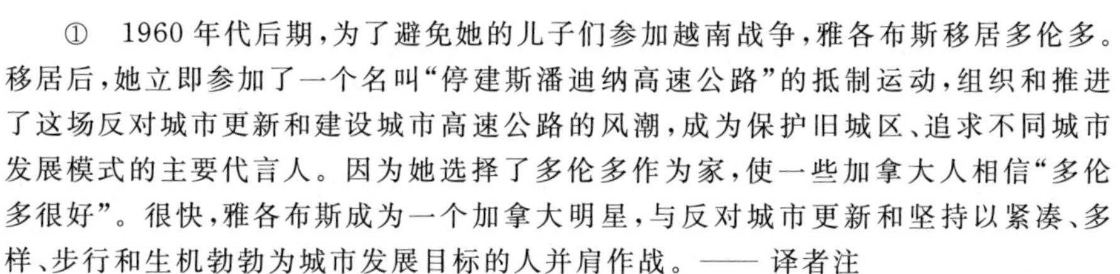

① 1960年代后期，为了避免她的儿子们参加越南战争，雅各布斯移居多伦多。移居后，她立即参加了一个名叫“停建斯潘迪纳高速公路”的抵制运动，组织和推进了这场反对城市更新和建设城市高速公路的风潮，成为保护旧城区、追求不同城市发展模式的主要代言人。因为她选择了多伦多作为家，使一些加拿大人相信“多伦多很好”。很快，雅各布斯成为一个加拿大明星，与反对城市更新和坚持以紧凑、多样、步行和生机勃勃为城市发展目标的人并肩作战。——译者注

第四章
赖特先生和正在消失的城市

《美国大城市的生与死》没有提及弗兰克·劳埃德·赖特(Frank Lloyd Wright),然而,赖特对美国城市社会物质需求的影响与“光明的田园城市的美”一样重要。1930年晚春,赖特第一次谈到城市社会物质需求这一主题,当时,普林斯顿大学邀请他主讲“卡恩讲座”。在讲了涉及建筑、技术、风格、住宅和摩天大楼等五个讲座后,他的最后一个讲座是“这个城市”。他的话让听众大吃一惊。他提出,“我认为,我们今天知道的这个城市逝去了。”他列举了多种技术,飞机、汽车、电话、广播,正是这些技术,鼓励人们分散开来。[1]

虽然电视当时还处在襁褓中,但他还是预测了电视的影响。“我们很快会在家里看这种‘电影’‘有声电影’及其他,比起在电影院看效果要好。比起按传统方式在音乐厅欣赏交响乐、歌剧和讲座,在家里欣赏最终会更胜一筹,伴随着宜人的环境,欣赏效果更佳。作为社会单元的家本身将包含迄今为止城市所给予的所有这类东西,还包括浓郁的家庭氛围和个人的自由选择。”[2]赖特没有提供任何替代传统城市的细节,但他坚定地认定一件事:未来丝毫不像“勒·柯布西耶和他的学派那样”。[3]

不久之后，赖特与勒·柯布西耶的观念正面相撞。1932 年 1 月 3 日，《纽约时报杂志》发表了批判美国城市观念的文章，标题为《著名建筑师剖析我们的城市》，作者正是勒·柯布西耶。勒·柯布西耶承认，在现代技术方面，美国正在引领全世界，虽然他从未去过美国的城市（他第一次访问美国是在这篇文章发表 3 年之后），他却固执地坚持他的判断："有些人轻率地承认，曼哈顿和芝加哥拥有现代的建筑和城市规划，可我绝对拒绝承认。曼哈顿和芝加哥没有现代的建筑和现代的城市规划，再说一遍，曼哈顿和芝加哥没有现代的建筑和现代的城市规划！"[4] 这篇文章还配有"瓦赞规划"的鸟瞰图，鼓吹绿地环绕的高层建筑的优点。他对郊区的看法已经固定了。"这个新城市将是田园城市的逆转，采用了与田园城市根本对立的原则。因为田园城市坐落在郊区，城市面积扩大了，田园城市便会导致交通问题的出现。然而，当绿色城市减少其建成区面积时，城市交通问题就会荡然无存了。"他进一步讲，如果人们还有疑问的话，"我们必须立即放弃传统的住宅"。[5] 由于大多数城市和郊区的美国人都住在单一家庭的独立住宅中，所以，勒·柯布西耶的这个建议是一个蓄意的挑衅。

不到三个月，《纽约时报杂志》就发表了赖特的反应文章，标题为《广亩城市：一个建筑师的愿景》。赖特是应邀撰写了这篇文章呢？还是他自愿撰写的？谁都不清楚，不过，赖特常常自愿给这家杂志撰写文章。因为他被欧洲建筑师们给予的关注所激怒，很有可能是他自愿撰写的。就在此篇文章发表前一个月，在"现代艺术博物馆"开始了他的"现代建筑展"，虽然赖特的作品入选了，但这个展览的重心肯定是放在欧洲现代派的作品上，该展览的组织者把这类作品称之为“国际风格”。[6]《纽约时报杂志》的这篇文章是赖特重新获得关注的一个机会。

在此篇文章发表的前四年，赖特曾经赞赏地评论过勒·柯布西耶《迈向新建筑》英文翻译版，可是在这篇发表在《纽约时报杂志》的文章中，他却激烈地逐点反驳了勒·柯布西耶的城市理论。[7] 赖特再次重申他的看法，如汽车和电信这类现代技术已经淘汰了集中的城市。人们有能力散布开来，他们不再需要生活在高人口密度的状态下。赖特写道，“以集中的城市所致的集中化已经走过了它的鼎盛时期，也经历了漫长的岁月。这种集中的城市还没有逝去。但集中的城市——每公顷 1000 人（这是勒·柯布西耶在他的文章中推荐的城市密度）”[8]——不再是必要的，或可以说是奢侈的。勒·柯布西耶设想以公园的形式把自然带进城市；赖特的建议正好与此相反，把城市带进乡村。他在扩大的普林斯顿讲座上做了这样的描绘，人们到路边的市场去购物，到农场和工厂去工作，住在蔓延在景观中的独立住宅里，通过公路网连接起这些场所。赖特对这种分散化城市的细节还是含糊的，没有规划或绘图，他却给这种城市起名“广亩城市”。①②

---

① 纽约时报当时为这篇文章配上了一张画有高层公寓建筑的图，误导了这篇文章，实际上，这张图是赖特为纽约市提供的“波维雷的圣马克”大楼的设计方案。

② 1930 年，赖特写道：“我认为今天我们所知道的城市会消失。”他以高密度的城市中心为例，机器和摩天大楼把那里填得水泄不通。他心目中的城市是通过汽车和通信设施联系在一起的水平的城市。他写道，“在地球上，自然的水平是人类自由

"广亩城市"来自何方？赖特在给《纽约时报杂志》撰写这篇文章时已经65岁，整整年长勒·柯布西耶20岁。赖特属于较早的一代人，具有浪漫主义的声誉，不同于欧洲建筑师的城市观念，赖特的城市观念来自直接观察。勒·柯布西耶生活在巴黎，幻想着摩天大楼。赖特在洛杉矶曾经对他的城市社会物质需求有过第一手的经历。20世纪20年代早期，他在洛杉矶生活和工作了若干年，洛杉矶曾经是美国增长最快的城市之一，其增长方式不同于世界上的其他城市。就人口而言，洛杉矶的规模并不大，大约为50万人，然而，这个城市蔓延了70英里以上。赖特原先住在高密度的芝加哥郊区，他喜爱在宽阔的大道上驱车和游弋，到了洛杉矶，驱车让他大开眼界。

与勒·柯布西耶的公开交流促使赖特出版了一本小书《正在消失的城市》(*The Disappearing City*)。[1] 在这本书中，赖特详细展开了他的普林斯顿讲座和《纽约时报杂志》上那篇文章所提及的论题，阐述了这样一个关键原则："因为这个城市是建立在一英亩一家人的基础上，所以，我们打算称这座属于个人的城市为

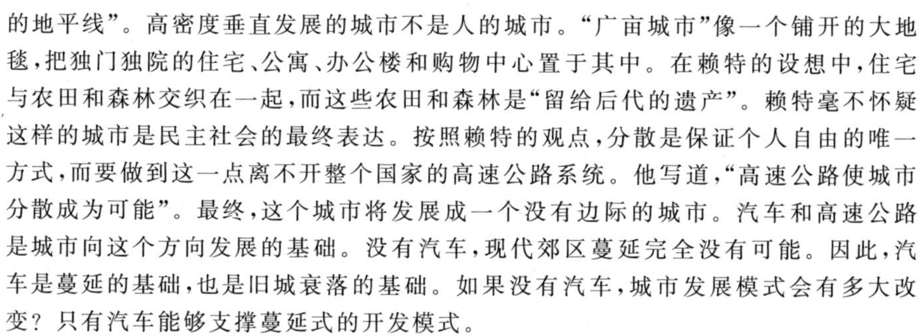

的地平线"。高密度垂直发展的城市不是人的城市。"广亩城市"像一个铺开的大地毯，把独门独院的住宅、公寓、办公楼和购物中心置于其中。在赖特的设想中，住宅与农田和森林交织在一起，而这些农田和森林是"留给后代的遗产"。赖特毫不怀疑这样的城市是民主社会的最终表达。按照赖特的观点，分散是保证个人自由的唯一方式，而要做到这一点离不开整个国家的高速公路系统。他写道，"高速公路使城市分散成为可能"。最终，这个城市将发展成一个没有边际的城市。汽车和高速公路是城市向这个方向发展的基础。没有汽车，现代郊区蔓延完全没有可能。因此，汽车是蔓延的基础，也是旧城衰落的基础。如果没有汽车，城市发展模式会有多大改变？只有汽车能够支撑蔓延式的开发模式。

‘广亩城市’。”[2] 按照赖特的方案，每个人将会在一个巨大的重新分配方案中，得到一英亩土地，“给这个人开辟一条途径，生活在一个比较好的国家，做一个比较好的公民”。[3] 标新立异的经济学家亨利·乔治影响了赖特的这个方案。虽然《正在消失的城市》没有包括任何一个规划，但赖特使用文字详细描述了“广亩城市”，从很大程度讲，这与他较早时期的公寓建筑、酒店和住宅设计相联系。作为规划师和美国《国民》(*Nation*)周刊住宅倡导撰稿人的凯瑟琳·鲍尔发现，赖特的“广亩城市”是乌托邦的、不现实的。[4] 但是《纽约时报·书评》的态度比较积极：“经济学家一直在寻找可以把我们带出萧条状况的产业。城市区域的住宅似乎不是完成这个任务的很好抓手，因为土地昂贵，有许多‘鬼城’和那些所谓废弃的建筑。使用技术已经能够控制的方法和材料，在城市之外的便宜土地上开发住宅，可能是另外一回事。人们乐于看到持赖特先生社会观的建筑师承担起这样一种实验。”[5]

1934—1935 年冬季，赖特和经济支持者埃德加·考夫曼让“广亩城市”有了形体上的呈现，考夫曼是匹兹堡的百货巨头，他正在设计一个周末住宅(很快成为了著名建筑“流水”)。正如勒·柯布西耶“上百万居民的当代城市”，赖特设想了一个场地：隐约像中西部地区的四平方英里土地，包括农田、一段河流、一段山脚。按照中西部地区的习惯，方格式道路把 4 平方英里土地分成四块；有些道路是双层公路，小汽车在上层，卡车在下层，还特别设计了交叉口(限制性接近的公路当时还是一件新鲜事物)。没有功能分区规划；学校、公共建筑、工厂、县议会和一个剧场分

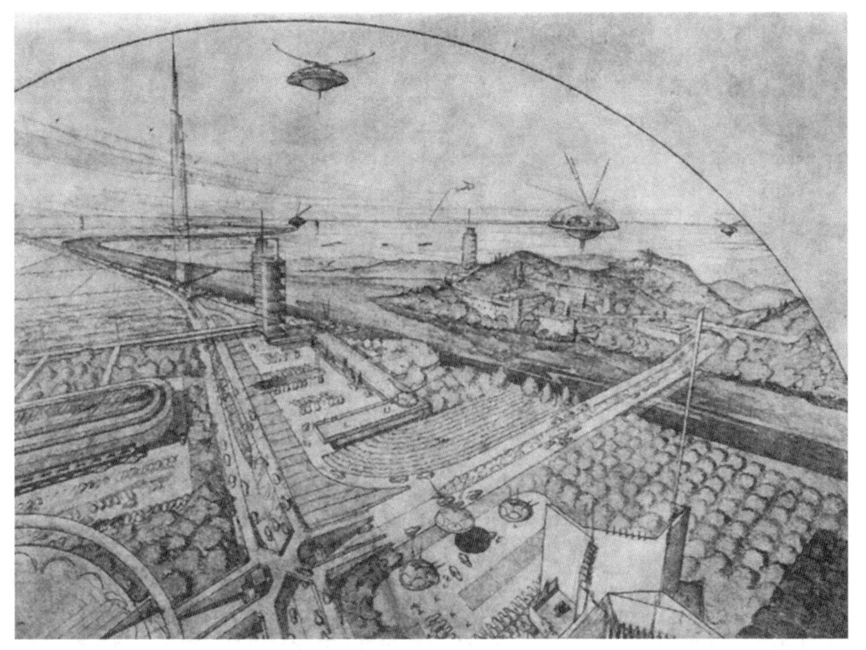

图 4-1 “广亩城市”是高度分散化城市未来的一个远景，设想那里有私人飞机和商业带

布在果园、葡萄园、农田和娱乐休闲空间之间。有些人住在独立住宅中，他们的宅基地为一英亩，还有一部分人居住在公寓大楼和小农场。比起勒·柯布西耶的设想，赖特替代传统城市的观点要激进得多，而且赖特的设想与勒·柯布西耶的有两点不同。首先，没有中心或商业核心，没有什么传统的市中心，完全没有标志性建筑作为集中点。其次，赖特的规划并未表现出一个完整的城市；那里不过是城市模块的一小部分，这个城市模块可以无限延伸下去。这个规划所占据的四平方英里土地仅容纳 7000 人，为了容纳 300 万人，则需要 1700 平方英里土地，即勒·柯布

西耶“当代城市”规划用地面积的30倍，比西雅图都市区的面积小，西雅图人口为300万，而覆盖的都市区面积为5894平方英里。①

1935年，纽约洛克菲勒中心举办的为期一个月的“工业艺术展览”向公众展示了“广亩城市”，展品包括规划、规划图和一个12平方英尺的巨大模型。在随后的25年里，赖特继续修正这个模型，还出版了两本有关“广亩城市”的著作：1945年的《民主建设时期》（*When Democracy Builds*），进一步展开《正在消失的城市》；在他去世前一年出版了《鲜活的城市》（*The Living City*）。《鲜活的城市》使用了大量的图和建筑模型：预制的住宅，防火的农场用房、学校和加油站。虽然有出租直升机和他自己设计的看上去怪怪的小汽车这类未来主义的畅想，赖特还是坚持认为他的未来愿景并非乌托邦。“我们现在有大量证据证实所有我概括的变化”，它们属于标题为“全盘民主”（Democracy in Overall）的一个章节。[6]

除一两个小的居住区外，赖特从来没有建成哪怕一个小的“广亩城市”，别人也没有这样做，不像“城市美化”和“田园城市”，“广亩城市”没有形成一个思潮。赖特几乎不是一个组织者，而是非常个人主义的。另外一个问题是，他的大量建筑崇拜者通常发现，对他的这个城市愿景，如果不说彻头彻尾的尴尬的话，至少有些难以接受。《正在消失的城市》的一个评论者曾经

① 勒·柯布西耶的“当代城市”包括非建设开发用地的绿带开放面积。“广亩城市”的人口毛密度是1750人/平方英里（现在的平均郊区人口毛密度为2149/平方英里）。

这样写道："人们不得不认真考虑他们面对的若干问题。居民们完全没有社区组织符合常理吗？人类天然地就是群居动物，不是吗？一旦巨大的公路网络和超级加油站布满乡村，美丽的乡村会变成什么样？"[7] 芒福德同样表示怀疑："弗兰克·劳埃德·赖特的'广亩城市'模式把初级水平的社会交往，限制到不过数个邻居而已，除了初级水平的社会交往外，其他水平的社会交往都需要汽车交通，哪怕仅仅是最简单或最短暂的会面，也离不开汽车。在这个广袤的城市里，每一个家庭最少有一英亩宅基地。"[8]

正如建筑史学家大卫·德龙(David De Long)所说，虽然赖特从未建成一个版本的"广亩城市"，但是赖特在此后的余生中所设计的建筑，都能看成在给他的这个城市愿景增砖添瓦。赖特使用自己的建筑案例来推广"广亩城市"模式，"每一个建筑案例证明一条原则，每一个建筑案例都可以感觉到他的有机建筑的理想，每一个建筑案例都意味着维系个人自由，每一个建筑案例都通过有意义的联系提高人们的生活。每一个建筑案例都能感受到普遍次序看得见的那一部分。[9]

单体家庭住宅是赖特实现其"广亩"观念的一个方面。1936年，在向公众展示"广亩城市"模型之后，赖特便开始建设一系列他称之为"桑年"的住宅。这种住宅面积不大，经济上普通人可以承受，是"广亩城市"的主要部分。他在《住宅与家居》和《美丽的住宅》这类流行杂志上介绍了"桑年"住宅的特征——一层楼的布局，屋顶不高，车库，与起居室相通的厨房，使用原石建成的壁炉——这种设计很快流传开来，以后被称之为"农舍"，一般的建筑商都能建设。从1935年到1959年他去世，赖特设计的“桑年”住宅超过150幢，总之，美国民众心目中的“广亩城市”就是住到类似乡村的住宅里。

图4-2　84岁时的弗兰克·劳埃德·赖特

赖特这种分散化的美国城市观及其“广亩城市”的设想，曾经引来一片嘲笑声，但随着中产阶级家庭、越来越多的蓝领阶层家庭迁往郊区，赖特的这种观念逐步变成了现实。另外，所有战后建设的“阳光地带”的城市，如亚特兰大、休斯敦和菲尼克斯，都遵循了蔓延开来而不是叠加的“广亩”模式。许多因素加速了这个分散过程。与城市更新相比，农舍和居住区显现出流行和成功。给州际公路系统提供建设资金的《联邦资助公路法》(Federal-Aid Highway Act)(1956年)向城市化敞开了边远乡村的大门。同样还在这一年，第一个全天候购物中心建成，这种类型的购物中心与“广亩城市”玻璃屋顶的“路边市场”没有太大的不同，全天候购物中心的建成，支持了赖特的论点：“观念总是先于事实并预示着事实”。[10]

正如赖特预言的那样，汽车出行的优势凸显了，事实上，在加速分散化上，技术的力量之大远远超出了他的想象。便宜的且普及起来的空中旅行（赖特看到了），有线电视、家用录像机、移动电话和互联网（赖特没有看到），一直都在加速城市之外的增长。不仅仅是全封闭的购物中心，其他多种类型的郊区建筑类型，如超大型教堂、办公园区、加油站及其快捷店、郊区高层建筑等，都在实现着赖特最初的设想。除了他的怪癖，赖特还有一种对人们喜欢什么和不喜欢什么的神秘感觉。美国人青睐独立住宅，而不喜欢公寓大楼，美国人喜欢“一家一英亩地”，这已经不是天方夜谭，而在 20 世纪 30 年代，似乎还是很勉强的，当然，一英亩宅基地并非都用来盖房子，而是用来植树和草坪，不是用来种玉米。赖特当然没有想到后来出现的令人厌倦的商业带和大院式社区，但从许多方面讲，它们都是赖特分散化远景的逻辑延伸。

然而，赖特有一个预测是错误的：城市并没有消失。即使大都市区按照“广亩城市”的远景蔓延开来，大多数的城市中心还在增长，一些老的工业中心，如底特律、巴尔的摩和克里夫兰步履维艰，但纽约、波士顿和旧金山都已经找到了新生。也许赖特从来就没有完全相信他自己的预测。在写作《鲜活的城市》的同时，他提出了在芝加哥湖畔建设 528 层高的州办公大楼，即所谓“英里高的伊利诺斯”。他说，“现在没有人能够来建设这幢大楼。在未来,没有人能够不建这幢大楼”。[11]这一观点不错。芝加哥的市区会跨越式地垂直增长,首先是“约翰·汉考克建筑”,而后是“西尔斯大楼”,2005 年,芝加哥一位开发商提出了建设 115 层的摩天大楼。这个项目已经搁置了,可半英里高的摩天大楼在迪拜出现了。“斯基德莫尔、奥因斯和美林”公司的芝加哥分支设计的石笋状的哈利法塔,让人想起了“一英里高”的设计。“一英里高”的建筑当然是在城市里。

第五章
城市生活的需求方面

弗兰克·劳埃德·赖特和"广亩城市"影响了战后的郊区增长,而 20 世纪 60 年代中期那些"漫长炎热夏季"发生的城市骚乱,进一步加速推进了美国的郊区化。洛杉矶、克里夫兰、旧金山、纽瓦克、底特律、波士顿以及纽约的哈林和贝德福德-斯泰弗森特,遭遇了纵火、抢劫和社会动乱。在随后的十年里,城市犯罪率直线上升,商务活动从城里迁了出来,城市人口持续衰减。大量人口向阳光地带迁徙,也影响了东北地区的老城市。正如政治分析家迈克尔·巴罗(Michael Baronne)所提到的那样,"20 世纪 70 年代,每个南部州甚至包括西弗吉尼亚,增长快于国家平均增长,西部的每个州也是如此。没有任何一个中西部和东北部的州的增长快于国家平均增长,除英格兰地区的三个小州之外。"[1]

正像一位城市历史学家所说,所有这些累积成为一个"城市危机的时代"。[2] 纽约市、费城、克里夫兰、底特律和辛辛那提,或推迟执行它们的财政计划,或濒临财政崩溃的边缘。城市更新在整体上不但没有拯救了城市,反而似乎真的走向了其反面。

《美国城市》(*The American City*)的作者、规划师亚历山大·加尔文(Alexander Garvin)在这本书的开头部分,就写下了这样一段免责的声明:"大部分人达成共识的看法是,城市规划是一个解决美国城市问题的途径的幻想破灭了。"[3] 加尔文的《美国城市》对美国战后时期的城市规划做了综合性评论。他坚决地提出,那种认为城市规划是一个解决美国城市问题途径的幻想是不公正的,他承认,"尽管美国的城市规划有过许多明显的成功,但持续不断的错误一直都在困扰着美国的城市规划"。[4] 加尔文并非在说"城市美化"思潮或"田园城市"思潮,这两股思潮曾经延续到20世纪30年代,既很流行,也是成功的,大萧条和第二次世界大战期间,所有的建设和规划项目都不得不终止。加尔文在这本书中描述的是20世纪50—70年代这一时期。有关城市规划错误的清单很长,包括了没有让城市核心区复苏的城市更新;大规模整体清理贫民窟搬迁了比贫民窟本身还要多的人;高层公共住宅大楼没有很好地为穷人提供服务;文化、体育和政府"中心"与城市的其他地区分割开来;城市高速道路阻隔了且毁坏了整个街区。总而言之,是一个令人沮丧的记录。

有若干因素导致了城市规划的错误在全国范围内如此一致地发生,如此广泛地传播。20世纪50年代,战后的欢欣鼓舞使人们高度重视"创新"和任何一种新观念,不管这个新观念有多么粗糙以及未经过实践检验,似乎都值得试一试。例如,公共住宅发生了巨大的变化。《住宅法》(Housing Act)(1937年)颁布之后,曾经立即建设起公共住宅,这些公共住宅类似于由私人建设的城市住宅—— 毫不张扬的连排住宅,每一个住宅都有临街的大门和后院。这样做基于某种设想,贫穷的人期望与比他们富有的人生活得一样。20 世纪 50 年代,用心良苦的社会改革家们倡导一种新型的“光明城市”住宅,用高层建筑替代独立住宅,用凉台取代后院,用开放空间取代街道和人行道。

正如芒福德谨慎地提出来的那样,规划设计承诺的“公园里的城市”常常演化为“停车场里的城市”。[5] 市政府的住宅管理机构缺少资金做景观、维护公共住宅、安排适当警力,当联邦颁布法律,禁止甄别租赁人时,公共住宅项目很快成为贫困人群非正常社会集中的地方。门厅和走道被肆意地破坏,电梯损坏,楼梯通道成了堆放杂物的地方,屋顶漏水,打碎了的窗户始终得不到更换。没有保姆,单亲妈妈们只能困守在她们的公寓里,儿童在没有人照管的情况下,在 16 层楼下游荡。[6] 因为公寓楼的修缮无限期推迟,于是,许多破旧不堪的公寓楼空置起来。这些住宅不过才建起 20 年,绝望的市政住房管理机构常常放弃管理。1972 年,拆除圣路易斯的普鲁特-艾戈(Pruitt-Igoe)大型公共住宅,是美国城市拆除大型公共住宅楼的首例。

普鲁特-艾戈公寓大楼的爆破是一个标志性的时刻,建筑师山崎实(MinoruYamasaki)(纽约世贸大楼的建筑设计师)曾经因为设计这个公寓大楼而赢得过建筑设计奖,然而,这次拆除使得普鲁特-艾戈再次得分。随后的 20 年里,巴尔的摩、费城、底特律的公共住宅单元命运相似,芝加哥的“罗伯特·泰勒之家”的 4321 个住宅单元也遭遇相同的命运。城市规划的错误广为扩散,是城市规划错误的另一个方面。建筑师和规划师接受的教育是一样的,他们把类似的观念从一个城市推广到另一个城市。因为美国城市都在争夺居民和雇工业主,所以,它们一般会“跟着琼斯走”[①]。如果洛杉矶放弃有轨车，于是，有轨车即刻成了不时尚的东西；如果芝加哥建设了一条城市高速路，这条城市高速路就成了一种模式；如果纽约建设了一个文化中心，于是，较小的城市随之效仿。“林肯中心”变得如雅各布斯和其他人预计的那样浮躁和夸张。波士敦新的政府中心是一个围绕市政厅占地九英亩的综合体，建成后，门庭冷落，所有引入社会活动的努力都因此受到阻碍。芝加哥的“市政中心广场”(现在的“戴利广场”)情况要好些，当然，它也谈不上是什么优秀公共空间。

垂直生活、文化综合体和大购物中心都是勒·柯布西耶的城市理想；行人与车辆分离，同样也是勒·柯布西耶的城市理想。1956年，维也纳出生的建筑师兼规划师维克多·格鲁恩(Victor Gruen)在给得克萨斯沃思堡做规划时，设想给行人建设一条高架步行通道，首次在市中心地区引进行人与车辆分离的交通组织方式。因为公众反对此项目的建设投入，这一规划设想没有得到实施，而城市规划师们十分欣赏这一方案，在这之后，许多城市在市中心建设了全天候步行交通系统。明尼阿波利斯、圣保罗、卡尔加里、阿尔伯塔等城市建设了高架街；达拉斯、休斯敦、费城和蒙特利尔建设的是地下通道。在那些处于极端气候条件下的城市，人们热衷于建设有供暖和空调设施的空间，然而，当时人们并不清楚，是否值得使用巨额投资去建设全

① 作者在这里引用了一句美式英语的习语“To keep up the Joneses”，这句话的意思是攀比，或跟风，或赶时髦，“和你的富裕邻居保持同等的生活方式或质量”，换句话说，与左邻右舍比排场，摆阔气。作者所言，很像当今中国城市建设的现状，宽马路、大广场，现在演化成建设“最高的楼”和地铁，等等。—— 译者注

天候城市场所。推广者们当然认为值得，反对者则认为，在室内步行道和室外人行道之间划分步行者，只能冲淡两个区域的活动，给生机勃勃的城市街道造成消极影响。[1]

那时，规划师们选择的比较便宜的步行化方式是，封闭若干条街道，不让车辆通行，建设街头景观设施，如喷泉，安置长凳，形成步行街。具体而言，那时出现了三种不同的规划设计方案：半购物街，扩宽人行道，缩减行车道的宽度（通常为二车道，不许停车）；公交购物街，仅有一条公交车道，不许其他车辆通行；完整的步行购物街，禁止所有车辆通行。1957 年，密歇根州的卡拉马祖建设了第一条步行街。在随后的 20 年里，200 多个北美城市采取了类似的步行化措施。正如雅各布斯在那个步行化风靡的时期所描述的，与步行街相关的问题是"规划的步行街模式，围绕本身就很脆弱和零散的建筑保护区，建设宽阔的停车场，供车辆行驶和停泊，因此，产生出来的问题远远多于步行街（最初设想）能够解决的问题"。[2] 简而言之，当新奇的感觉消失后，人们即购物者发现，他们并不喜欢这种步行购物街，还是青睐有人行道的传统街道。于是，这种步行街上的生意面临困境，商店搬迁，被抛弃的步行街很快吸引了无业游民。现在，美国大约还有 30 条这类步行街在运转。当然，大部分是在大学城里，如科罗拉多州的博尔德、弗吉尼亚州的夏洛茨维尔以及佛蒙特州的伯灵顿，学生在那些地方的人口中占很大比重，他们居住在市区附近，有时间到步行街的咖啡馆和酒馆坐坐。有些旅游导向的"阳光地带"城市，如圣莫妮卡、迈阿密海滩及拉斯维加斯，也有成功的步行商业街。但是，其他地方的步行街，或还在挣

扎，或已经消失。密歇根州的卡拉马祖市的那条步行街已经重新向有限的车辆开放；如同芝加哥的“国家大道”一样，波基普西“主街购物中心”重新成为一条大街。费城切斯纳特大街上的公交购物街也重新向车辆开放，当然，它们都是在原先繁华的购物街呈现明显衰退之后才重新放行车辆。实际上，费城切斯纳特大街是“光明城市”的另外一个受害者。

战后时期，现代主义建筑师和现代主义批判，对“城市美化”思潮法国化的新古典主义品味和精英美学精神发起了攻击。他们主张“城市的实用性”。但是，1965 年拆除纽约“麦金－米德－崴特宾夕法尼亚车站”的项目，大大刺激了历史保护思潮的形成，对历史的兴趣，对美的敬仰，都在推动着历史保护思潮的发展。这样一来，公共艺术以没有预计到的面貌再次返回城市。并非巧合，大部分魂牵梦萦的公共标志性建筑产生于“城市美化”思潮盛行的那个时代，实际上，大部分城市的历史保护意味着保护“城市美化”时期的那些遗产。例如一些非常优秀的火车站，华盛顿特区联合火车站、费城第三十大街火车站、纽约大中央火车站及洛杉矶联合火车站，都得以翻修，恢复了它们往昔的原貌。

华盛顿特区联合火车站建筑提醒我们，“城市美化”时期展示了成功的城市建筑的标志。2007 年的一次民意测验曾经提出这样的问题，希望人们说出他们最喜爱的美国建筑，排名靠前的包括杰弗逊纪念堂、林肯纪念堂、美国高等法院、华盛顿特区国家艺术馆、宾夕法尼亚艺术博物馆以及芝加哥论坛报大楼，这些建筑均建成于 1925—1943 年。前 50 个最受欢迎的建筑有帝国大厦、伍尔沃斯大厦、克莱斯勒大厦以及瑞吉酒店、华尔道夫酒店、大中央火车站和纽约公共图书馆。在这个名单中，1900—1940年所建成建筑的数量占前50个最受欢迎建筑的一半以上，而自1940年以来建成的建筑数量明显大于前40年。[3]

埃比尼泽·霍华德"田园城市"观念的状况又如何呢？最后一批花园郊区建于大萧条发生前十年，尽管时过境迁，但这些花园郊区在公众意识中依然存在，之所以如此，有一个简单原因，即在1900—1930年建设的所有花园郊区，如"林山花园"和"帕洛斯·弗迪斯庄园"，不仅一直存在，而且还很繁荣。[4] 因此，当代住宅购买者并未把花园郊区与发霉的规划理论联系起来，而是与值得期待的房地产联系了起来。20世纪80年代，雷蒙德·昂温和约翰·诺伦的规划观念以"新城市主义"的名称复归①。新城市主义起源于20世纪80年代的"海滨"项目，"海滨"不是花园郊区，而是一个位于佛罗里达潘汉德尔的小小度假村。"海滨"的影响远远超出了它小小的规模。风景如画、传统建筑吸引了美国的住宅购买者；一般不太关注设计的开发商们关注"海滨"投资上的成功。"新城市主义"的主要经验是，当规划、设计和较高密度与社区感相联系时，住宅购买者看重的是规划和设计，他们接受比较高的密度。②

新一代的规划社区，如马里兰州的"肯特兰德斯"、科罗拉多

① 关于"新城市主义"的详细内容，读者可以参考《良好社区规划：新城市主义的理论与实践》（中国建筑工业出版社，2010年）。—— 译者注

② 豪华的高层建筑生活和开放空间相结合也同样出现在其他城市：在费城，最具优势的公寓大楼或许能看到整个利顿豪斯广场；在芝加哥，在一些公寓大楼，可以一览密歇根湖；而在旧金山，从这些公寓大楼，可以看到旧金山海湾。

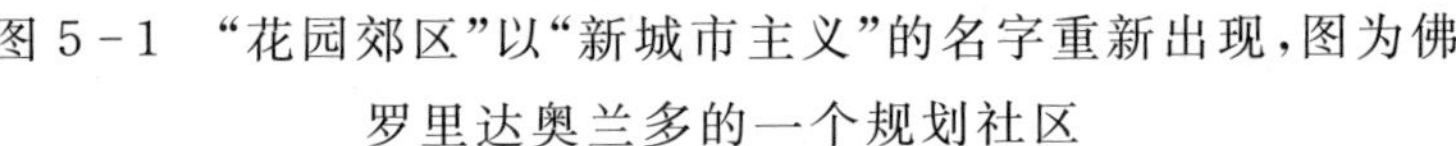

图 5－1 “花园郊区”以“新城市主义”的名字重新出现，图为佛罗里达奥兰多的一个规划社区

州的“斯台普顿”、南卡罗来纳州的“埃昂”、佛罗里达州的“鲍德温花园”和“欢乐的节日”，都采纳了旧的花园郊区模式，来迎合较高地价、很大的私家车拥有量和非常具有竞争性的住宅市场等现实状况。这些社区与最初的花园郊区有些细微的差别，乙烯基壁板和卷帘窗替代了坚实的砖块和工匠的雕琢，还有就是一般比老花园郊区的规模要大许多。“欢乐的节日”有两万居民，“斯台普顿”则有三万居民。但昂温当时建立的基本原则依然存在：设计上的紧凑和多样性，住宅类型上的异质性，可以步行，街区呈现紧凑的外观。除此之外，也是昂温的主要经验，在规划新的社区时，能够从过去、从“每个城镇的特征”中，学到许多东西。新一代的花园郊区与20世纪早期的模式以及殖民时

期的样板，如查尔斯顿和萨凡纳，有着不解之缘。对新一代花园郊区抱有诋毁态度的人们，把这些历史影响嘲笑为“新传统的”和“怀旧的”，然而，住宅购买者的确因此产生了一种历史延续的感觉。

勒·柯布西耶的城市观念基本上被实践证明是不成功的，可是其城市观念并非完全失败。“公园里的大楼”作为一种社会住宅的模式，的确彻底失败了，然而，对于不同的社会群体来讲，高层的城市生活已经成功了。先于“光明城市”，美国的有些城市就已经有了公寓大楼，当然，这种影响是来自巴黎的。第一批城市公寓是19世纪末在纽约出现的，它们以巴黎为模式，当时称之为“法国公寓”。[5] 大约在20世纪20年代，出现了一批高层住宅楼，如41层的“丽晶大厦”，这是纽约第一幢居住型摩天大楼；埃默里·罗斯（Emory Roth）设计的高27层的“圣雷莫”大楼；另一幢大楼“埃尔多拉多”同样是由罗斯设计的，当时，纽约公寓大楼的建设可谓热火朝天。[6] 埃默里·罗斯是所谓意大利摩天大楼的先驱，“圣雷莫”和“埃尔多拉多”的楼顶都是以古典庙宇的形式装饰起来的；他的另一个设计，贝雷斯福德大楼的顶部有三个圆屋顶。这些引人注目的建筑内部的公寓单元很大，有沙龙和画室、楼顶花园和日光浴场、服务人员的房间和管家的茶房。包括18个房间以及复式的公寓套间并不罕见。这些楼顶凉台、复式公寓和“天上的别墅”，都是在勒·柯布西耶提出“光明城市”之前出现在纽约的。然而，可以遥看中央公园的那些令人向往的纽约公寓，在某种程度上实现了勒·柯布西耶绿色环抱大楼的愿景。最近这些年，生活在全玻璃式的现代主义公寓

大楼里成了时尚，它同样在某种程度上实现了勒·柯布西耶绿色环抱大楼的愿景。最大的不同是，这是一种豪华的居住场所，有门童和保安，有清洁工和仆人，有奢华的厨房，有大理石装饰的浴室，所有这些中产阶级能够享受的生活设施和服务，实际上都是勒·柯布西耶所深恶痛绝的生活方式。

简·雅各布斯重新发现了生活在市区中心所能带来的愉悦，乍一看，这一发现似乎获得了巨大成功。2006 年，简·雅各布斯去世了。当时，人们广泛承认，她是那个时代最有影响的城市思想家。《美国大城市的生与死》已经成为 20 世纪下半叶，也许整个 20 世纪，城市规划方面的重要著作。现在，很少有人还在读昂温或诺伦的著作，芒福德的那些论文依然保留着它们时而闪现出来的智慧，但芒福德的《城市史》似乎太过沉重，也跟不上形势的发展了。雅各布斯的著作已经改变了在它之后几代建筑师和规划师对城市的思维方式，而且她的著作曾经影响了城市发展本身。雅各布斯写道，“充满活力的、多样的、紧张的城市包含着它们自我更新的种子，有足够的能量去应对城市之外的问题和需要，因而能够维持下来”。[7] 雅各布斯这个命题的后半段并没有变成事实。她基本上忽略了美国的郊区化，实际上，美国的郊区化曾经非常具有优势，非常流行。但是，美国许多城镇中心的复苏，工业用地转换成居住用地，更新了的历史区，市中心房地产火爆，如纽约、波士顿、费城、芝加哥和旧金山，都检验了雅各布斯的愿景。

雅各布斯的愿景的确正在实现，可并不是按照她所预期的那样。雅各布斯描绘的城市美好生活已经广泛出现，然而，具有

街头生活、老建筑、多样性混合的高密度城市街区的供应，十分有限，那里的就业岗位也就同样有限。没有多少城市的市中心居住街区具有“格林威治村”那样的特征。大需求和小供应产生了不可避免的结果：雅各布斯所说的那类街区的房地产价值，已经达到天价，她为之奔走呼吁的那些充满活力的工人阶级居住的街区，已经变成了专有的飞地，仅向富人敞开大门。雅各布斯认为，城市生活的日常设施应该让每个人享用；她几乎没有料想到，日常的城市生活设施会变成某一群体独享的奢侈品。

雅各布斯或许想象到了这一点。虽然《美国大城市的生与死》已经成为一本典型的规划教科书，但这本书强烈地怀疑集中规划这一观念，主张个人选择和自由市场。十年前，著名的城市规划师罗杰·蒙哥马利（Roger Montgomery）指出，《美国大城市的生与死》所提出的看法反映出对政府强烈的不信任，支持小生意人，几乎完全没有注意到美国城市大公司财团的作用。蒙哥马利把这本书描绘为“早期新保守主义的小册子”，书中的论点“看上去像是自由保守主义的核心信仰体系”。[8] 雅各布斯是一个自由保守主义者吗？我曾经问内森·格莱泽是否同意这一看法，20 世纪 60 年代，内森·格莱泽曾经是雅各布斯的编辑。他的答复是，“雅各布斯当然是某种自由主义者，但一定不是一个保守主义者”。“从某种意义上讲，无政府主义比自由主义更好一些——人们自己做出决定，不多或完全没有来自上层的指导，会创造一个更好的城市。”

雅各布斯“更好的城市”是一个奇怪的无阶级的地方。《美国大城市的生与死》几乎没有谈到社会和经济差异，谈论种族问

题更少，它反映了作者中产阶级的价值观念、来自工业城市工人阶级街区的青年妇女的价值观念、热爱纽约喧嚣和繁华的居民的价值观念。[9] 也许这就是为什么她被人口大规模向郊区转移而困扰的原因，甚至在她撰写《美国大城市的生与死》一书时，这种郊区化的进程正在发生。一些人可能偏爱郊区而不喜欢城市的喧嚣，并非每个人都钟爱"格林威治村"，雅各布斯不能理解这些人偏爱郊区而不喜欢城市喧嚣的感觉。

社会学家赫伯特·J. 甘斯(Herbert J. Gans)理解这些人偏爱郊区而不喜欢城市喧嚣的感觉，在雅各布斯撰写《美国大城市的生与死》一书时，他曾经把雅各布斯带到了波士顿的"北端"。甘斯在发表于 1962 年的对《美国大城市的生与死》的一篇评论中指出，纽约的"格林威治村"和芝加哥的"联合股票市场后街"这类街区，实际上是很特殊的，而雅各布斯则在《美国大城市的生与死》中把它们描绘为一种城市模式，甘斯曾经研究过波士顿的"西端"，撰写过著作《城市村庄》(*The Urban Villagers*)，他提出，这样的市中心与工人阶级和少数民族聚居的街区，汇集了小店、巨大的建筑，不仅非常不同于中产阶级聚居的街区，也不同于大部分其他工人阶级聚居的街区。这样的街区是不合时宜的，没有私人庭院，没有停车的位置，甘斯写道，"对于自由选择居住地的大部分美国人来讲，这种生活方式已经过时了"。[10] 甘斯还提出，人们不一定普遍期望喧嚣和热闹的居住场所，他没有发现中产阶级看重这种街区的特征，而中产阶级是城市居民的大多数。甘斯指出，"他们并不要'北端'那种看得见的热闹场面，而是希望安静和私密性，而这种愿望只有在低密度街区和装有

电梯的公寓大楼里才能实现”。[11]

一些市中心区的复兴证明甘斯的看法是正确的。已经变得流行起来的市中心街区也同时转变成了中产阶级上层的居住场所，即“中产阶级化了”，那里与雅各布斯的“格林威治村”没有多少相似之处。“看得见的喧嚣”已经证明是具有吸引力的，但基本上吸引的是青年专业人士、没有孩子的夫妇及退休者，除非是在纽约市里，否则郊区仍然是有孩子家庭选择的居住地。①

甘斯曾经在一所大学的城市规划系任教，他谈到过雅各布斯批判城市规划的问题。这并非因为他同情规划师，而是缘于他感到雅各布斯夸大了规划在美国社会中的权力，当然，他承认，大多数城市规划师有可能会同意雅各布斯的设想。甘斯写道，“事实是，郊区和城市新形式的居住建筑，并非正统规划理论的产物，而是中产阶级文化的表达，它们指引着住宅市场，规划师为它们提供服务。”[12]在一个有着创业精神的社会里，人们自由选择如何生活，在哪里生活，最终得到他们所期待的东西，而不是规划师认为他们所需要的东西。

甘斯的思想强调了这样一种观点，当规划师和建筑师提出了如“城市美化”或花园郊区这类概念时，公众最终决定他们喜欢什么、不喜欢什么。城市按照许多小观念而不是一个大观念而形成，正如雅各布斯所说，“无数人自由地制订和实施着无数的计划”。[13]结果是出乎意料的，常常是规划师始料未及的。当

① 对甘斯的研究感兴趣的读者，可以参看《城市规划与城市多样性》（中国建筑工业出版社，2012年）。—— 译者注

“城市美化”的倡导者打算美化整个城市时，人们不过是青睐市区中心那几个地标式建筑。勒·柯布西耶认为公园里的大楼是工人阶级的住宅楼，然而，在高层建筑里的生活方式，倒是在比较富裕的人群中流行了起来。赖特把“广亩城市”想象为独立的小农生活的地方，但分散开发吸引了独立的软件开发商和“沃尔玛”。“新城市主义”思潮曾经野心勃勃地要改造城市中心，可是它获得最大成功的地方恰恰一直是郊区，而不是城市中心。为此，令人敬仰的文森特·斯库利①曾经写道，“新郊区主义可能是真正的标志”。[14]

1968年，杰出的城市规划师马丁·梅尔森(Martin Meyerson)描绘了美国城市面临的挑战：“在我们的城市，开展巨大项目重建的需求并不只是为了满足对城市环境的关注和自豪感。”[15]梅尔森的意思是说，在代议制这种民主制度下，对城市更新、公共住宅和公路建设的公共资金开支需要一个政治支持群体。40年以后，这种政治支持群体以个人选择的形式表达自己，通过市场表达个人需求。或者，如我的老同学，加拿大女王大学的城市规划师安德烈斯·斯卡布斯基斯(Andrejs Skaburskis)所说的那样，“在长期的发展过程中，正是需求方面的压力，塑造着城市的形式”。[16]这可能正是下一个重要的城市观念：公众实际上知道他们期待什么样的城市，至少，当公众看到这种城市时，认出它正是他们所期待的那种。

① 文森特·斯库利爵士(Vincent Scully)，耶鲁大学建筑艺术史斯特林名誉教授，被誉为建筑领域最有影响的教师。——译者注

第六章

商业街廊、购物中心、超级市场和时尚生活中心

如果我们用“规划的时代”——“城市美化”思潮、“花园郊区”和“城市更新的时代”——来表达20世纪上半叶的美国城市社会物质需求，那么，1970年以后的时期则是“市场的时代”。研究一种消费至上的建筑环境，即我们购物的场所对认识建立在大众需求基础上的城市社会物质需求的含义，是有所帮助的。一个世纪以前，购物者们打扮打扮，乘上有轨车，到市中心的百货大楼去购物；50年以前，购物者开着自家带后备厢的小汽车，到郊区购物中心去购物；25年以前，购物者可能在购物中心度过整整一个下午。现在，许多年轻人从未见识过真正的百货店（大部分所谓百货店主要出售装饰品和化妆品）。我设想，未来25年里，许多购物者将不再光顾购物中心了。

尽管购物场所的许多变化已经对城市的形体、形式产生了重大影响，可购物场所的许多变化起源于卖主和商人们，而不是城市规划师和建筑师。例如，我们能够在18世纪的巴黎企业家M.朗格卢瓦（M. Langlois）那里找到美国购物中心的起源，他曾决定购买巴黎第二自治市“费多剧场”背后的一条狭窄的胡同和

相邻的房产，通过简单安装玻璃屋顶，把这条肮脏的胡同变成了一条全天候的购物街。我们大体能够通过它的商户数目计算所谓“费多通道”（1791 年开放，1824 年拆除）的规模：若干女帽和缝纫用品店、两个书店、一个花店、一个香烟店、一个邮票店、一个干果店，整个楼上都是小酒店（一种简单的咖啡店，允许吸烟）。[1] 那时的巴黎街道，既肮脏又缺乏维护（奥斯曼建设林荫大道之前的情景），但是这些全天候的步行道在当时十分流行，并成为道路与道路间相连的捷径。大约在 1840 年，巴黎有了上百条这样的通道，许多通道被赋予异国情调的名称，如“普拉多”“凯雷”“帕诺马斯”。它们使用玻璃和铸铁做屋顶，这在当时是很新奇的，之后被广泛用于温室、展览厅和火车站；那时，还给这些通道安装了汽灯来照明，这是在公共场所首次使用汽灯照明。

商业街廊是伦敦版的通道。伦敦的第一条通道建于 1816—1818 年，被称为“皇家歌剧院商业街廊”，紧靠“干草市场歌剧院”（这个剧场后被烧毁了）。著名建筑师约翰 · 纳什（John Nash）设计了这个“皇家歌剧院商业街廊”，他使用一系列玻璃圆屋顶覆盖了长长的、狭窄的整个空间，采用曲线优美的玻璃橱窗装饰店面。摄政时期的商业街廊比起巴黎的商业街廊要大一些。例如，皮卡迪利的“伯灵顿商业街廊”包括了 72 家两层楼的店铺和穿制服的服务生。建于 1879 年的“皇家商业街廊”因为维多利亚女王的裙子是由那里的裁缝缝制而享盛名。建设“水晶商业街廊”的约瑟夫 · 帕克斯顿（Joseph Paxton）曾经设想，建设一个长达 10 英里、高为 100 英尺的巨大玻璃屋顶拱廊。这个野心勃勃的计划当然没有实现，但是布鲁塞尔、柏林、那不勒斯、圣彼得堡、莫斯科却出现了具有历史标志意义的玻璃屋顶拱廊。最著名的莫过于米兰的“维托伊曼纽拱廊”，这个美丽的建筑物由四个玻璃拱顶长廊在建筑物中心汇聚成一个六角形的拱顶。

图 6-1 伦敦的伯灵顿商业街廊——企业建设的早期城市设计典范

那时，北美也建成了若干玻璃屋顶的商业街廊：罗得岛普罗旺斯的“希腊复兴”商业街廊，大约建于 1829 年；多伦多有长达一个街区的商业街廊；克里夫兰有五层楼高的建筑物，圣路易斯市中心则有“哥特式复兴拱廊大楼”。

圣路易斯市中心的“哥特式复兴拱廊大楼”建设得比较晚，1919 年开放，随后时尚的市中心购物者转向新的购物场所——百货公司。1838 年，巴黎建成了第一家百货公司，仅仅花了十年时间，纽约商人亚历山大·特尼·斯图尔特（Alexander Turney Stewart)建成了“大理石宫殿”,这是一个巨大的多层建筑,类似于文艺复兴时期的宫殿,横跨市政厅大街,24 年后,被扩大成一个 8 层楼高的大楼,中心为高达 90 英尺的玻璃屋顶。如同伦敦的商业街廊,人们希望百货公司形成一种奢华的、五光十色的氛围。此外,百货公司还体现了技术进步:它是第一个使用电灯照明且安装电梯的公共建筑。百货公司的业主常常将目光转向杰出的建筑师。例如,1885—1887 年,芝加哥的马歇尔·菲尔德(Marshall Field)从波士顿请来 H. H. 理查森(H. H. Richardson),建设了一幢七层楼高的罗马广场风格的百货公司,这幢建筑占据了城市地块近一半大小的面积。10 年之后,两个出生德国的芝加哥商人利奥波德·施莱辛格(Leopold Schlesinger)和大卫·迈耶(David Mayer)邀请登马·奥德尔(Dankmar Adler)和路易斯·苏里文(Louis Sullivan),在国家大街和麦德森大街交汇处建设了他们主要的百货公司大楼。费城商人约翰·沃纳梅克(John Wanamaker)邀请丹尼尔·伯纳姆为他设计旗舰店,当时,伯纳姆正在费城设计联合火车站。伯纳姆将它设计为一个有五层楼高的中庭建筑,在那里安置了世界上最大的管风琴,以至于那里终日音乐缭绕。

百货公司不仅在同一个屋檐下出售琳琅满目的商品,还采用开放式空间进行商品展示。当时更为新奇的是,商品一律明码标价。百货大楼出售的商品有装饰品、家具、玩具、日用品和工具之类,还附带有食品店、美容店、茶庄和餐馆。遇到节假日,百货公司里会安排奢侈的展示橱窗;圣诞节期间,还有“圣诞老人”造访。在没有连锁店和国内广告的时期,购物者都认可并相信市中心的百货公司，如纽约的“梅西”、波士顿的“菲尼斯”、底特律的“哈德森”、旧金山的“恩波里厄姆”和蒙特利尔的“伊顿”。

百货公司主导了市中心零售商业近百年的历史，随着战后时期的到来，大量家庭搬迁到郊区居住，百货公司也随着他们流向郊区。早在 1930 年，费城市中心的零售商“草桥服装”在阿德莫尔建了分店。以“郊区广场”命名，与“装饰艺术”建筑组成一个簇团，形成一个多层楼的百货公司，周边环绕着许多小商店，构成一个室外的通道，这是购物中心的雏形。20 世纪 40 年代末，洛杉矶、马萨诸塞的贝弗利、俄亥俄的哥伦比亚等地，都出现了类似的开发，当然，西雅图的“北门”形成了最经久不衰的完全成熟的区域购物中心的模式。这个区域购物综合体建在城市的北边，所有者是西雅图市中心百货公司“本马尔凯”的业主。这个中心 1950 年开放，由三层楼的百货公司和 17 家商店组成，其中包括一家超市和一家银行（几年后，又增加了电影院和保龄球馆）。该购物中心的建筑师是小约翰·格雷厄姆（John Graham Jr），他在商店的两边设计了开放的长廊，围绕这个建筑综合体的是可以停 4000 辆汽车的停车场。景观化的长廊适合于步行者，而停车场方便了驾车者。当然，这种内外建筑布局产生了一堵堵平淡无奇的外墙和分割空间。

购物中心的建设者遵循了一个简单的公式：找一块与高速公路交叉口相邻的场地；提供大量免费停车位；选择一家百货公司作为这个中心的“支柱”，吸引小的店铺租赁业主。这个公式一度使用得很好。大约在 1960 年，美国有 4000 个购物中心。西雅图的“北门”购物中心仅包括一家百货公司，但是标准的安排，即所谓“哑铃规划”，一般有两家百货公司，设在步行走廊的两端。有时，这种走廊包括了画廊和第二层的商店。明尼苏达州的埃迪纳是明尼阿波利斯的一个郊区，1956 年，明尼阿波利斯一家市中心百货公司的业主“戴顿公司”提出了一项重要的设计创新——建设第一座全封闭的购物中心。祖籍维也纳的建筑师维克多·格鲁恩(Victor Gruen)谈到，虽然“南谷”商业街廊是全封闭的而不是两端开放的，但他还是受到米兰“维托伊曼纽拱廊”的启发。[2] 有供暖系统和使用空调的购物中心的建设费用很高，运行费用也不菲，但是事实证明，这种全天候恒温的购物中心极受欢迎，很快成为工业标准。为了吸引更多的购物者，购物中心不仅增添了电影院和餐馆，还增加了银行、健身俱乐部、医疗中心，甚至非商业性的服务，如邮局和图书馆。城市商业街廊可能启发了购物中心的建设，然而，事实上购物中心成为了赖特 20 年前想象的那种自足的路边市场①。最大的购物中心包括若

① 1930 年，迈克卡耶提出了一个概念——“无城的公路”体制。迈克卡耶是一个创造经典语言的大师。他把这类商业称之为“恶性增长”和“路边的蘑菇”。当时的同样也是今天的问题是，如何最佳地处理这种日趋恶化的形式。迈克卡耶在《新共和》上对此提出了异议，“用来行车的道路，清除了所有的障碍，却只为了方便加油站和餐馆在那里运营”。即便这样，它们也应该布置在规定的“服务区”里。在一篇没有发表的文章中，迈克卡耶以简单类比的方式解释了他建议的逻辑：“这是一个有关离婚的故事，不是男人与女人离婚的故事，而是城镇和公路离婚的故事。离婚原因是双方不合，住宅与道路之间的冲突，安逸的家与骚动的道路之间的冲突。家是我们居住、工作、娱乐和歇息的地方，而道路是我们用于旅行的场所。家和公路相互补充，如果它们太靠近了，就会相互干扰。住宅与道路应当各行其是，最简单的办法是：分离。住宅与道路在马车时代并非冲突。铁路出现时，我们远离其烟尘，没有人沿着铁路盖房子。现在，我们有了新型的‘火车’和新型的‘铁轨’，它不是用铁而是用水泥造出来的。泥路变成了水泥路。然而，我们却不顾一切地沿着这种新型的轨道盖起了我们的住宅。我们毫无顾忌地允许这种轨道通过城镇，于是，正像任何一个

干家骨干商店，超过100万平方英尺的面积；所谓的巨型购物中心，如加拿大阿尔伯塔的“西埃德蒙顿购物中心”、明尼阿波利斯外的“美国购物中心”，都达到了600万平方英尺的建筑面积，包括了娱乐园区、酒店以及商店。

郊区购物中心在20世纪七八十年代曾经非常成功，那些还在为振兴市中心地区而挣扎，遭受着城市更新错误带来困难的城市，转向购物中心的开发商，请求他们的帮助。尽管这些购物中心与城市通道和商业街廊有着千丝万缕的联系，但购物中心似乎不适合市中心地区。郊区购物中心使用的土地低廉，而城市中心地区的土地昂贵，从两个方面限制了设计。郊区购物中心的开发商发现，购物者仅愿意爬一次楼梯；因而，郊区的购物中心一般只有两层楼。城市购物中心的场地不大，需要建设四至六层的大楼，城市开发商很难把店铺租赁户吸引到高楼层去。[3]① 昂

居民都会告诉你的那样，这种轨道搅乱了城镇。同样，城镇搅乱了这种轨道，正像任何一个驾车者都会向你诉说的那样。一个侵犯了另一个”。迈克卡耶的解决方案甚为简单。“城镇”功能（居住、购物、办公和生产）应当在形体上与“公路”的功能（货运、上下班、旅行）分开，解决办法就是建设围绕现存城镇的旁道，临街开发与贯穿性道路隔离开来。简言之，汽车公路应当沿着铁路建设。由此而产生的城镇形式并非全新。事实上，这种规划方式无非重新强调了由乡村土地包围的传统紧凑型居住模式而已。迈克卡耶说，“一个城镇的价值恰恰是它的个性，我们新英格兰地区的城镇具有它自己的个性。当然，为了产生个性，一个镇子首先必须成为一个地理上的独立单元。它的周边必须有开放空间”。这一点与公路商业带形成鲜明对比，公路商业带所产生的是一个“路状的城镇”，而不是一个无起点也无终点的中心，是一组围绕公共中心的建筑群。公路商业带与真正的城镇或社会单元的观念不一致，公路商业带并非一座城镇，它只是人类社会的线型展开。——译者注

① 老的百货商场通常有6层楼，但楼上用于那些顾客光顾频率比较低的商铺，如家具和家用设备。最普通的商品，如服装，通常都在比较低的楼层，玩具商铺一般居中。——译者注

贵的土地产生了第二个限制:地面停车空间不足,需要建设多层停车场。但是,多层车库的建设费用是一般停车场的10倍以上。[4] 市政当局为了克服这个困难,自己建设和运行停车建筑物。这种优惠以及其他一些财政补贴,鼓励开发商在许多城市建设大型购物中心。[5]

郊区购物中心的繁荣得益于购物者容易驾车前往,停车场就在购物中心的旁边。城市购物中心不能提供同样的便利,因为驾车者必须在拥挤的城市街道游弋,找到停车位既不容易,还要付费。另外,郊区购物中心是独立运行的,周围一片空旷;与此相反,城市购物中心周围散布着各式各样的商业竞争者——商店、餐馆和其他具有吸引力的目的地。因此,城市购物中心的经济状况一直都在受到检验。研究者伯纳德·弗里登(Bernard Frieden)和林娜·萨加林(Lynne Sagalyn)提出,城市购物中心可能让贷款方(它们承担很高的风险)和零售商人(因为每平方英尺的销售量很高,至少在城市购物中心的较低楼层是这样)获益,但是,开发商未必总是获益,因为先期的大规模投入和运行成本都比郊区购物中心高很多。[6] 城市购物中心也没有产生振兴市中心地区的效果。与此愿望相反,形成国内著名商店簇团的市场战略已经显现出,它把周边街上的步行者和商业生活吸引到了购物中心。例如,费城市中心的一家多层购物中心挤满了购物者,而相邻的市场街,那里曾是这个城市的主要商业街,现在却只剩下廉价物品商店和一美元店了。

20世纪90年代末,郊区购物中心也开始下滑。购物中心建设过量,建筑的复杂和奢侈建筑材料的使用,都使建设费用超出

了可能的租赁收入水平。购物习惯也在变化。随着双份收入家庭成为正常家庭状态，人们越来越追求方便、有效率的购物，而不是花几个小时在巨大的购物中心里转悠。另外，传统的百货公司曾经是购物中心概念的主要支柱，这时也遇到了麻烦。尤其是许多零售商不断降低店里许多商品的价格，这样一来，百货店在价格上不再占有优势，名牌鞋、玩具、家具、洗澡巾，或几乎所有商品的价格并非最低。

于是，购物者有了新的选择：超级市场。① 这种形式的零售业态出现在 20 世纪 80 年代中期，零售商业概念很简单：出售方式与传统零售没有什么区别，但价格明显较低。按照经济学家彼得·林内曼（Peter Linnerman）和德博拉·牟伊（Deborah Moy）的研究，在 1993—2003 年，“零售销售增长的 90%来自超级市场零售商”。[7] 沃尔玛就属于此类超级市场中的大牌，这个公司一直在引领着美国的购物革命（它也在全球范围内产生着影响）。②沃尔玛已经掌握了如何直接从制造商那里把商品送到消费者手中的方法，它使用令人眼花缭乱的大量产品来做到这一点：衬衣、玩具、轮胎、丁骨牛排、头饰，甚至银行服务、处方医药和保险。一般的商店面积超出 10 万平方英尺。有些商店的面积是这个面积的两倍以上。

廉价俱乐部、工厂直销、专卖店也成功地采用了超级市场战略。廉价俱乐部类似于沃尔玛，但是收取会员费；工厂直销出售

① “超级商店”“巨型商店”，在欧洲，它们常常是指“大卖场”。

② 沃尔玛 1996 年进入中国，在此后的 10 年中，在中国建立了 69 个超级市场。

脱销的和减价的商品；专卖店出售单一品种的商品，如住宅修缮材料、拆装家具、电子设备或服装。除开规模和低价外，这些超级市场类商店的共同特征是自我服务。消费者自己推车，沿着琳琅满目的商品架来来回回地转悠，收集商品，在收费处付款后走出商店。这种零售方式关注增加便利，减少开支，给顾客提供极为宽泛的价格低廉的商品选择。

图 6-2　中国深圳的一家普通超级市场

1916 年，孟菲斯开张的一家杂货店可谓超级市场的始作俑者，它是地方商人克伦斯·桑德斯（Clarence Sanders）的创意。顾客到达桑德斯的杂货铺，通过一个旋转门进入商店，拿起购物筐，跟随事先设计好的路线，在货架间穿行，最后到达另一端的收银台和出口。这是重新构造组装线的购物方式。店里仅有两个店员，一个收款，一个负责整理货架和上货。桑德斯给他的这个营销观念注册了专利，创造了一个成功的超级市场连锁店，称之为“皮克李·维格李”（Piggly Wiggly），最终发展成一家拥有2600个分店的超级市场连锁店，横跨美国的南部和中西部地区。[8]“皮克李·维格李”的店铺规模相对小，可是自助式的杂货店规模日益增长，还增加了停车场，成为人们所说的超级市场。

当时，使这种超级市场发展为大型超级市场的装备是不起眼的购物车。1936年，俄克拉何马超级市场的一个业主西尔文·N.戈德曼（Sylvan N. Goldman）推出了一种有轮子的架子，该架子能够装两个活动的购物筐；不用时，这种有轮子的架子可以收起来，以节省空间。又过了10年，这种有轮子的架子演变成了我们今天看到的购物车：一种大的有轮购物筐，筐子的后部可以掀起，如此一来，购物车就可以一个套一个地集中到一处，节约空间。这种不起眼的购物车延续使用了70年，一直没有变化，尽管没有那么优雅，却很实用。

超级市场显示出它的成功，以致这些超级市场衍生出一种新的郊区购物场所——“商业中心”。商业中心由若干家超级市场组成（少的有三家，多的有10几家），它们围绕巨大的停车场布置。不像购物中心，商业中心没有小店，超级市场的入口相距甚远，如果我们要去几家超级市场，必须开车。这些超级市场之间没有封闭起来的共同区域，没有给顾客提供指向，甚至也不鼓励顾客去多家超市；如果我们要买一台平板电视，驾车去一家超级市场；如果我们要买手纸，开车再去另一家。所以，对于这种商业中心而言，经济的原则是，靠近高速公路，有一个共享的停车场。传统购物场所，甚至购物街的那种社会交往属性，在这种商业中心完全不存在。

超级市场首先出现在郊区，但是，当零售商寻找新的市场时，超级市场的概念移到了城市。适应了城市条件，超级市场比购物中心更成功一些，当然，城市的超级市场规模比郊区的超级市场要小一些（公寓楼里的居住者没有那么多的储存空间，因此，他们一般不买大宗商品）。城市的超级市场常常安排若干层楼的销售区，至少在曼哈顿是这样的，规划上赦免了对它们停车场的要求。城市的超级市场常常缺少供大型送货卡车使用的卸货空间，它们一般使用小型送货车，商品来自地处城市边缘地区的中间分配站。虽然具有这类物流方面的挑战，城市高密度的人口还是让超级市场利润颇丰。2008 年，“家得宝”（Home Depot）在曼哈顿第五十九街和第三大道交叉口的布隆伯格大厦里新开了第三家超市；世界上最大的俱乐部式仓储超市“好市多”在温哥华市区新居住区建设了 14.7 万平方英尺营业面积的超市；瑞典家具零售商“宜家”在纽约布鲁克林的“红钩”街区经营了 34.6 万平方英尺规模的家具超市。

我去超市时总是感到有些压抑。逛超市的经历甚至不如逛购物中心，购物中心至少还有自然采光，有喷泉和树木。与优美的商业街廊和富丽堂皇的百货公司的建筑商相比，购物中心的开发商并没有给自己建立很高的建筑标准，超级市场的设计则完全受到经济的控制。可以很便宜地建设一层楼的仓库：普通的外墙装饰，刷上油漆的铁柱，功能性的照明，不需要过多装饰。超级市场给顾客的印象是，尽可能地减少成本，把节约的成本开支，以较低的商品价格回馈顾客。这与百货公司和购物中心的营销战略正好相反，百货公司以其魅力吸引顾客，购物中心以乐趣来吸引顾客，而超级市场则以实用见长。

虽然超级市场标志了一种看重便利、价格和非品牌的生活方式的胜利，但是它并没有终结休闲型的购物方式。顾客未必只要快速和便利式的购物，他们还需要慢速和休闲式的购物。传统商业街、农贸市场或所谓“时尚生活中心”能够满足后一种形式的购物需求。[9]“时尚生活中心”主要通过各自的设计而有所区别，它通常由一个业主建设和管理，像购物中心一样，包括了同类的国内连锁店。“时尚生活中心”有时被称为没有屋顶的购物中心，它们基本上是室外的购物中心，有街道和人行道，而不是室内的步行拱廊。商店面对街道，餐馆的服务延伸到宽阔的人行道上，小型的街心公园和街心广场进一步活跃那里的街景；小汽车可以停靠在街边、车库或不易看见的停车位上。20 世纪 90 年代，当购物中心的开发商们建设起游乐园之类的设施时，时尚生活中心则重新唤醒了传统的城市经验，如室外进餐、溜达和闲看。

当然，时尚生活中心绝不只是把人和车混在一起；它们还增加了其他一些使用功能。①例如，达拉斯市中心北部边缘“维多利亚花园”就有一个时尚生活中心，“维多利亚花园”包括了 4000 个居住单元，以及办公空间、一个 33 层楼的酒店和一个职业篮球场。[10]早期时尚生活中心的建筑，如博卡拉顿的“麦兹那公园”

① “使用混合的时尚中心”不应该与“主题购物场所”混为一谈，如洛杉矶的“环球城市漫步”、阿纳海姆的“市中心迪斯尼”，或图森的“拉恩坎塔达”，它们都有室外的公共空间，但仅仅供零售使用。

和圣何塞的“桑塔纳街”，都呈现了旧时尚，希望勾起人们对20世纪早期小镇“主街”的回忆。当然，最近建设的一些时尚生活中心已经采用了很潮流的建筑方式，大量使用玻璃、现代建筑材料和工业厂房的外部细节。[11]

由于时尚生活中心高强度使用土地，公共空间里没有供暖系统和空调设施，通常不收旗舰店的租金（付一点或完全不付租金），因而，时尚生活中心的运行费用比传统购物中心便宜。然而，投资、设计和建设一个高密度的、混合使用的时尚生活中心，比起建设一个单一使用的购物中心要复杂得多。实现零售、居住和商业生机勃勃的混合还要求相对富裕的人群，他们能够承受得起高端商店和高端的居住单元。开发商所面临的重要问题是，时尚生活中心是否具有传统百货公司的那种吸引力，在有了几十年空调和供暖购物中心的经历之后，顾客们是否还能接受露天的时尚生活中心。目前来看，只要把这种城市中心布置到经济正在增长的区域和气候温和的地区，答案是肯定的。

有些时尚生活中心的区位是孤立的，实际上，那些成为现存城市一个组成部分的时尚生活中心运行得最好。例如，在振兴整个原先濒临衰退的市中心地区中，西棕榈滩市中心的“城市场所”发挥了关键作用。公寓和共管公寓与60万平方英尺的零售空间、20多家餐馆和俱乐部、20个屏幕的电影院、一个转变成文化中心的老教堂，结合到了一起。在华盛顿特区的郊区、马里兰州的罗克维尔，市区包括了一个废弃的购物中心（属于20世纪70年代城市更新的一个部分）和一个步行商业街，其中15英亩的部分转变为一个称之为“罗克维尔城市广场”的时尚生活中心。这个中心包括了街面层次的零售空间，而地面以上建筑空间有 600 个公寓单元、一个公共图书馆、一个社区中心和若干车库。中心覆盖了若干城市地块，包括一个城市广场。这个项目是罗克维尔市、县（投资建设图书馆）以及一个零售开发商和一个房产开发商联合投资建设的。[12]图书馆和社区中心的建设显示了时尚生活中心的一种发展倾向：把非零售使用，如剧场和学校，合并到一起。

当混合使用的规模足够大，人口密度足够大时，它们的功能几乎像一个大城市的市中心。规划的城市中心模型是弗吉尼亚的雷斯顿城市中心，它距离华盛顿特区 20 英里。雷斯顿是一个规划的社区①先锋，使用了费尔法克斯县 6750 英亩农田，于 20 世纪 60 年代由开发商罗伯特・E. 西蒙投资。西蒙的观念以"田园城市"模式为基础，是战后郊区蔓延发展的另一种选择：预计人口为六万，由五个称之为"村"的居住街区簇团组成，树林和非建设乡村用地环抱着这些簇团。除了比较小的街区中心外，西蒙还计划建设了一个高密度的城市中心。

1965 年，第一个街区中心"安娜湖村"建成，它现代派的建筑和湖畔景观规划——由朱利安・H. 惠特尔西（Julian H. Whittlesey）、威廉・J. 康克林（William J.Conklin）和克洛西尔・伍达德（Cloethiel Woodard）设计——赢得了国内的关注，据说受到意大利海滨城镇

① 美国在第二次世界大战结束后建设了许多规划的社区，最突出的规划社区有：马里兰的哥伦比亚、弗吉尼亚的雷斯顿及加利福尼亚的欧文，它们都可以看成战前格林贝尔特实验的后来者，但是大部分开发商把注意力放到了住宅的市场推销上，花园处于第二位，社区不过是这个地区法规规定的执行结果。——译者注

波托菲诺的启发。[13]然而，对于主要城市中心，惠特尔西和康克林设计了20世纪60年代流行的一个巨型建筑，拥有一个单体建筑物有效的全部功能。西蒙反对这个设计，他认为实施这个方案的建设成本太昂贵，也很难分阶段实施，建议采用街道和人行道的传统设计。[14]参与"拉德本"设计的一些规划师提议采用一个完全步行的分区规划，允许小汽车通行，建设较低层的停车位。这个规划开始建设时，项目主要投资方"海湾石油公司"从西蒙那里买下并控制了这个项目。它邀请费城的一家规划企业编制第三版的规划，该规划受到了区域购物中心的启发，计划采用人车分离的规划方式，使用全玻璃覆盖的拱廊。最终这个规划方案也没有成为现实。

1978年，由"移动石油公司"补贴的一家公司接管了雷斯顿，并邀请巴尔的摩的一家"建筑设计规划工程咨询公司"重新编制这个城镇中心的规划。这次规划受到《美国大城市的生与死》这本书和大规模城市项目失败的影响，规划师采用了不那么激进的方式。与创造超级地块和步行区的方案不同，他们采用了或多或少传统的方格式道路和人行道布局，在相对小的地块上划分出建筑地块。这个规划允许500英亩的建设工程逐步展开，比较自然地在30年时间内完成。项目的特征也发生了改变，从高密度郊区中心变为一个完整的商务区，重点放到办公空间上。目前，这个项目基本完成，"雷斯顿城镇中心"的目标是：日间人口为八万，包括办公人员、购物者、居民；居住人口不超过6000。[15]按照这个目标，纯粹人口密度为每英亩75人，人口密度低于曼哈顿，却超出了大部分美国城镇中心地区。

图 6－3　弗吉尼亚州雷斯顿规划的市中心的人、人行道和小汽车

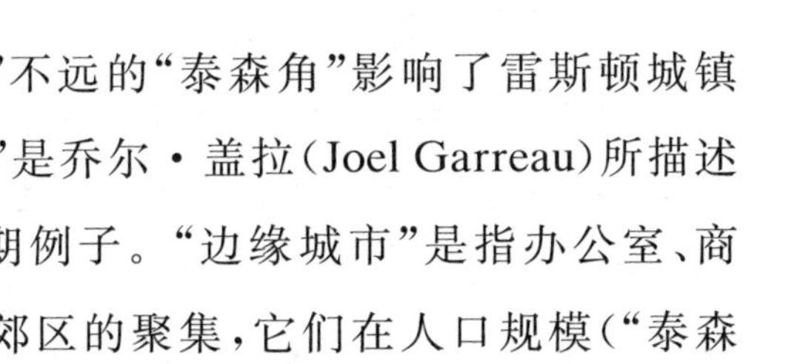

距离“雷斯顿城镇中心”不远的“泰森角”影响了雷斯顿城镇中心的商务模式。“泰森角”是乔尔·盖拉(Joel Garreau)所描述的“边缘城市”①[16]的一个早期例子。“边缘城市”是指办公室、商店、公寓大楼和娱乐设施在郊区的聚集，它们在人口规模(“泰森角”是美国第十二大商务区，一天购物者达到 55000 人)和人口

① 1991 年，乔尔·盖拉出版了他的《边缘城市：生活在新的前沿》。在这本书中，盖拉把边缘城市定义为工作、购物和娱乐的地理区域。为了满足他的定义，这样的地理区域必须至少有 46.45 万平方米可用于租赁的办公空间；5.54 万平方米以上的零售空间；一周工作日的人口必须大幅上升；更重要的是，在 30—40 年以前，那里曾经是农田或郊区居住区。盖拉的这本书帮助人们认识了一种日益发展起来的现象，与此同时，专业规划师和学术理论家还在寻找其他途径解决老城市的问题。专业规划师和学术理论家关注城市衰退，然而，他们忽略了与城市衰退相反的另一个过程，迅速增长的大都市区已经在许多非传统的地方创造了城市地区。——译者注

密度（“泰森角”人口密度大于迈阿密）上有所不同。盖拉认为，“边缘城市看上去并不像我们的老城镇，建筑也并不像芝加哥环线那样一个挨着一个。恰恰相反，这些宽阔的、低层的建筑物像蘑菇一样散布在巨大的景观中，绿草地和停车场镶嵌其间”。[17]“泰森角”的办公区、购物区、公寓建筑和停车构造物令人目眩地混合在一起，违反了传统的城市分类。

另外，“雷斯顿城镇中心”可以直观地看成一个“城镇”。罗伯特·A. M. 斯特恩设计过雷斯顿的一个公寓综合体，他把雷斯顿与早期的规划郊区城镇，如纽约的“白色平原”、康涅狄格的“斯坦福”和伊利诺伊的埃文斯顿，进行了比较。[18]雷斯顿有20层高的办公大楼、高层的公寓大楼、一个大酒店、一家电影院，以及一个中央广场，冬天那里将成为滑冰场（在洛克菲勒中心的阴影之下）。沿着雷斯顿主要大街——市场街——的建筑包括了街道层面的商店和餐馆，不同于许多“时尚生活中心”，“雷斯顿城镇中心”不是一个主题建筑群；其建筑风格变化多样，从由钢架和玻璃构成的当代建筑，到斯特恩称之为“启示现代的”建筑——使用石灰石和砖块，建筑实施退红和采用阶梯方式构筑而成。

这个城镇中心以创新的方式，努力把简·雅各布斯提出的理念和传统市中心的经验，用到商业房地产开发中来。实践证明，这种创新基本上是可行的。人行道和公共空间生机勃勃，街道、各式各样的高层建筑和店面并未让人感到是“规划出来的”。沿着市中心两侧的大型地面车库解决了停车问题。也许有一天，这些停车场会变成办公建筑或公寓大楼，而停车场转入地下;但现在,在“市场街”生机勃勃的“脸面”背后,成排的停车建筑物构成了令人沮丧的另一面。

大量停车场的存在提示,这个城市中心像一个购物中心一样,是人们驱车而来的地方。一旦他们到达了那里,可以找到国内各种日常的连锁店,从“维多利亚的秘密”到“星巴克”;超级市场、杂货铺、五金店都布置在附近的一个露天购物中心。也如同在一个购物中心,那里有许多餐馆,数量不少于30家。在参观那里时,我选择了“雷斯顿的克莱德”吃午餐。虽然它使用了雷斯顿的名字,但实际上是华盛顿特区地方连锁店的一个分支,马里兰的郊区和北弗吉尼亚都有这样的连锁店。当然,汉堡还是不错的,在暖暖的春季,坐在室外感觉十分惬意。从这个露台远眺,是一个有喷泉的小广场,那里有长凳,街边种着树木,妇女推着婴儿车,儿童站在小滑板上,还有穿着条纹服装的生意人。这个布置并不陌生:停在路边的汽车,宽阔的人行道,各式各样的店面和橱窗。一些东西明显没有看到:没有超大型地块,没有停车场环绕孤零零的高楼,没有铺天盖地的购物中心,没有垂直分割开来的汽车和步行者,没有室内的购物中心。那里似乎从未出现过20世纪60年代的城市更新。

第七章
水畔

如同过去的人行道和摩天大楼一样，生机勃勃的水畔成为当今美国城市的一个标志。这并不是因为用于商业港口和交通枢纽的滨水地区一直在城市规划中如此重要。当布鲁克林高地的居民们要求把沿着“伊斯特河”那些不再使用的港口变成公园时，他们正在追随无数城市重复的模式。无论是沿着深水港、湖泊还是河流，今天的滨水地区呈现出某种最有希望的城市资产——不仅仅在滨水地区建设公园，在那里还可以建设博物馆、旅游景点、休闲娱乐设施，做商业及地产开发。更新了的港湾（波士顿、巴尔的摩和多伦多）、转换了使用功能的港口（纽约和费城）、重建的滨水地区（路易斯维尔和西雅图）以及恢复了的运河（乔治敦和蒙特利尔），都成为这些城市最具有魅力的地方。甚至那些没有利用价值的老滨水地区的城市，也加入到开发城市滨水地区的热潮中来。例如，达拉斯最近宣布了一个雄心勃勃的雨洪控制规划，这个规划打算把特里尼蒂河河岸地区变成美国最大的城市公园。

在 20 世纪城市规划的宏伟构想中，水畔几乎是完全缺位的。例如，卡米洛·西特（Camillo Sitte）的《建设城市的艺术》

（*The Art of Building Cities*）就忽略了滨水地区，而该书强有力地影响了“田园城市”的规划师们。值得一提的是，雷蒙德·昂温在他富有权威性的著作《实用城镇规划》（*Town Planning in Practice*）中，讨论了中世纪纽伦堡的规划，但他并未考虑穿越这座古城中心的佩格尼茨河。勒·柯比西耶的“300 万居民的当代城市”包含了一个由驳船运河提供运输服务的工业分区，这条运河与他建议和城市中心保持一定距离的一条河流相连接。他提出，“河流是液态的铁路，是物品站和分拣场地”。“在一个正式的住宅中，仆人使用的楼梯不会通过客厅，即使佣人如此妩媚（或者说即使小船让靠在桥上的游人心情愉悦）。”[1]

在赖特的“广亩城市”中，河流任意地通过工业区，在路边市场的背后，通过一个娱乐休闲区，紧靠县议会大楼，在运动场的停车位旁。

只有“城市美化”思潮盛行时期的一些规划师欣赏和探索了城市滨水地区的潜力。一个有特色的早期案例是宾夕法尼亚州的首府哈里斯堡，这座城市坐落在萨斯奎汉纳河畔。1900 年，哈里斯堡还是一座仅有五万人口的小城市，处在一条易发洪水的河流和一个泥泞的河岸之间，这个河岸的功能是倾倒垃圾。按照历史学家威廉·H. 威尔逊（William H. Wilson）的描述，当时一个即将开工建设的新的首府建筑物，鼓励这个城市的创建者掀起一场宏伟的美化运动，这在美国是第一次使用“城市美化”作为公共口号。[2] 大规模的市政设施建设包括了河道疏浚和洪水管理等方面的措施，以及建设主要下水道、街道铺装和公园建设等，该市政设施建设计划进行了大约 15 年。波士顿的一位景观规划师沃伦·H.曼宁(Warren H. Manning)授命编制这个城市的总体规划。曼宁与奥姆斯特德一起工作过八年,他曾经制定过布法罗和罗切斯特的公园系统规划,当时他计划设计城市,制定校园规划,设计公共公园、花园郊区和私人花园。正如一位景观历史学家所描述的那样,曼宁"成为那个时期最多产的实践者之一"。[3]

曼宁认为哈里斯堡是他职业生涯中最重要的项目之一。[4] 这个总体规划涵盖了整个城市,包括林荫大道和占地 140 英亩的公园,公园位于一个利用沼泽地建设起来的湖泊的中心,一个三英里长的滨河公园,可谓锦上添花。沿着曲折的绝壁而扩宽的道路和线型的公园,可以一览萨斯奎汉纳河,河边还用水泥建了永久性的防波堤。通过一个步行桥,这个线型公园与河流中间的一个大岛连接了起来。在曼宁的规划中,这个大岛被用来建设体育场、球场和游泳设施。

哈里斯堡公园的设计倾向于自然状态,在"美国市政艺术协会"和"美国景观建筑师学会"的成立上,曼宁都发挥过重要作用,这两个机构是"城市美化"思潮的堡垒,曼宁并不赞同"艺术风格"的规划,而是青睐奥姆斯特德自然景观方式的规划。一个对滨河公园的当代描述这样说,"一条优美的绿带,给整个无与伦比的河流、岛屿和西边的山峦全景平添美丽的风景线,让众多的人们很容易地到达,稍做身心的放松"。[5]

事实证明,的确有"大批人"到这里休闲游玩;到 1912 年,估计这个公园系统每年大约吸引了 160 万人次。[6] 直到今天,这个岛屿公园仍然是一个生机勃勃的场所,那里有运动场所、郊游场地、自然小径、散步道及棒球场；在这个岛屿的顶端，还有一个公共河岸。正如曼宁设想的那样，“滨河公园”依然是一个城市呼吸新鲜空气的地方。在一个炎热的夏季，我参观了那里，看到人们在那里散步、慢跑，在公园的小桌上吃午餐，河边台阶上的垂钓者不时抖动着他们抛进萨斯奎汉纳河里的鱼钩线。

在伯纳姆和贝内特所做的 1909 年“芝加哥规划”中，包含了美国大城市滨水地区建设最具野心的设想。一群具有改良思想的商人，邀请伯纳姆和贝内特编制了这个“芝加哥规划”，他们深受伯纳姆、麦金和小奥姆斯特德设计的启发，而伯纳姆、麦金和小奥姆斯特德，当时正在编制华盛顿特区的“麦克米兰规划”，希望这一规划也能影响到他们自己的城市开发。“芝加哥规划”把密歇根湖描述为芝加哥最大的自然资产之一，设想沿湖畔建设一系列公园，打造供货船和客船使用的巨大港口，也是休闲游艇停靠的地方。芝加哥河的南岸将用于驳船运输，当然，因为这个河岸是按照巴黎码头的形式设计的，所以，有大量的空间用于“闲逛”，从街上可以俯瞰下边的船坞。伯纳姆和贝内特写道，“应当抓住这个机会，做一个适当的河岸综合开发规划，为此，商业设施将扩大，同时还要考虑到河岸建设的美学方面”。[7]

虽然伯纳姆和贝内特的“芝加哥规划”并没有实施，然而，这种湖畔公园的观念还是产生了。“世界哥伦比亚博览会”的场地后来变成“杰克逊公园”，与“环线”相对的那一段湖畔成为“格兰特公园”，同时建设了博物馆和其他一些用于文化事业的建筑物。那时，芝加哥是美国唯一一个拥有公共水畔的城市，在 20 世纪 20 年代，大部分城市一直没有真正关注河流和湖泊滨水地

图 7－1　伯纳姆的“芝加哥规划”把芝加哥河规划为这座城市的一个组成部分

区——勒·柯比西耶笔下的“液态的铁路”——的美学方面。“液态的铁路”作为柯比西耶的描述值得纪念，直到 20 世纪中叶，城市水畔对于国民经济都如此重要，大部分城市一直没有更多地去考虑它的美学功能。装卸货船曾经是劳动密集型的，不太有规律，船舶在不确定的时间间隔内到达，因而，港口依赖于大规模的劳动力，却永远都在等待工作，只有城市能够满足这样的劳动力需求。港口不仅需要装卸工和码头，而且需要仓储设施，以及船舶的杂货商、代理人、发货人和多种中介。蒸汽轮船跨海航行的规模不断扩大，常常有成千上万的旅客，从而拉动了酒店、旅舍和餐饮业的发展。实际上，当时所有与海运相关活动的影响非常巨大，至少在北美地区是这样，因为没有港口就不可能有繁荣的经济。①

从海上可以全天候即时接近的港口是最好的港口，诸如大西洋边的波士顿、纽约、查尔斯顿；墨西哥湾的莫比尔、休斯敦和新奥尔良；太平洋边的温哥华、西雅图、旧金山、洛杉矶和圣迭戈。可航行的河流或海湾也同样，如蒙特利尔、费城、俄勒冈的波特兰。还有一些建设在大河大湖边的城市，如辛辛那提和俄亥俄的路易斯维尔；密西西比河畔的明尼阿波利斯、圣路易斯和孟菲斯；密苏里河畔的奥马哈和堪萨斯城；依赖于大湖的多伦多、布法罗、克里夫兰、底特律、密尔沃基和芝加哥。

卡车运输和空中旅行的发展改变了那些不具有良港的城市的竞争优势，因为工厂和仓库坐落在高速公路的交叉口和机场附近，而不是靠近城市码头。但是，滨水城市变化的主要原因还是集装箱航运业的发展。第一次完整的集装箱船舶运输发生在1956年4月，一艘第二次世界大战时的油轮"理想-X"号，经过改装，装载了58个集装箱，从纽瓦克出发航行到达休斯敦。实际上，这些集装箱不过是铝合金卡车车厢，本身有可卸下的轮子。到达休斯敦后，这些卡车车厢被卸下船，放到拖车底盘上，拉到它们的最终目的地。这次运输标志着全球运输业革命的开始。那时，中等规模船运的每吨运输成本为5.83美元，而"理想-X"号的运输成本仅为15.8美分。[1]

① 出于历史的原因，欧洲有许多内陆城市，如巴黎、马德里和柏林，但19世纪以前建设的所有美国大城市都有重要的商业水畔。

在始发地把货物装进集装箱，用卡车或火车的平板车厢把集装箱送到港口，再吊到专门用来装载集装箱的货船上。等待运输的集装箱不需要仓库；它们被堆放在铺装的地面上，类似一个巨大的停车场。装载和卸载不再需要大量的码头装卸工，这项工作基本上依靠吊装机械完成。集装箱运输的最大优势是有效地把集装箱从一种运输模式转变成另一种运输模式，直接与公路或铁路衔接至关重要。高密度的居住街区和狭窄的街巷常常环绕着老的城市港口，因此，它们不再适应集装箱的转运，而建设新的集装箱码头会使运输效率更高。

这种技术上的变化对传统的港口城市具有毁灭性的影响。在 20 世纪 50 年代中期，纽约大约有 283 个码头。1955 年，新泽西宣布，它正在建设美国最大的集装箱码头，五年中，新泽西的集装箱码头能够处理这个区域一半以上的货运量。大约在 1970 年，纽约市处理的货运吨位下降到原先的 1/5。曼哈顿和布鲁克林的大部分码头（包括当时刚刚更新过的码头）空闲起来。[2] 奥克兰从旧金山那里争得了大部分船运业务，西雅图则从波特兰争得了大部分船运业务。与传统的港口不同，集装箱码头不一定要靠近城市。例如，新奥尔良的老城市港口现在供游艇使用；南路易斯安那蔓延开来的港口替代了新奥尔良港口的货运功能，而南路易斯安那的这些港口在这座城市以北 50 英里的地方，一直延伸到了巴吞鲁日的远郊。

这场货运革命留给老港口城市的是废弃的船坞和空闲起来的仓库。这些水畔的房地产能够做些什么呢？旧金山创造了这样一种方式。1962 年，地方开发商威廉 · 罗斯从格罗多利巧克力公司手中购买了“渔民码头”区的2.5英亩的滨水场地，这家巧克力公司搬迁到接近机场的郊区去了。罗斯把这些老厂房和仓库变成了餐馆和商店，增加了一个高坡型的步行广场，从那里可以非常好地观看旧金山海湾。“格罗多利广场”并不是一个历史修复场地。建筑师沃斯特、伯纳丁和埃蒙斯拆除了旧的建筑物，重新设计了新建筑，包括300个车位的车库。正如亚历山大·加尔文所说，这个结果“成功地把对老旧金山的怀念与新的零售设施结合了起来”。[3]

“格罗多利广场”立即受到了普遍好评，引发了附近的另外一个项目。开发商伦纳德·马丁从德尔蒙特公司那里购买了一幢空闲的三层楼砖石建筑物，建筑师约瑟夫·埃谢里克把这个桃罐头厂改为一个称之为“罐头厂”的景观综合体，其中包括艺术画廊、喜剧俱乐部、电影院以及餐馆和商店。不到十年时间，由于“格罗多利广场”和“罐头厂”，整个“渔民码头”区成为旧金山最重要的旅游景点之一。其他一些公共的和私人的开发包括海洋博物馆、停泊着的具有历史意义的古老船只、在码头上建设起来的游乐园，以及“渔民码头”本身——它曾经是旧金山商业船队中心的地方，现在集合了一批滨水海鲜餐馆。

“渔民码头”是一个城市振兴的成功案例，其基础不是落脚在城市更新、公共住房或巨大的公共项目上，而是旅游。第一代城市更新规划师基本上忽略了旅游，甚至简·雅各布斯也没有对此说什么；然而，实践证明，旅游是推进城市发展强有力的经济力量。那些不能阻止制造业下滑和工作岗位丧失的城市发现，老的欧洲城市，如维也纳和威尼斯，历史悠久，没给金融服务

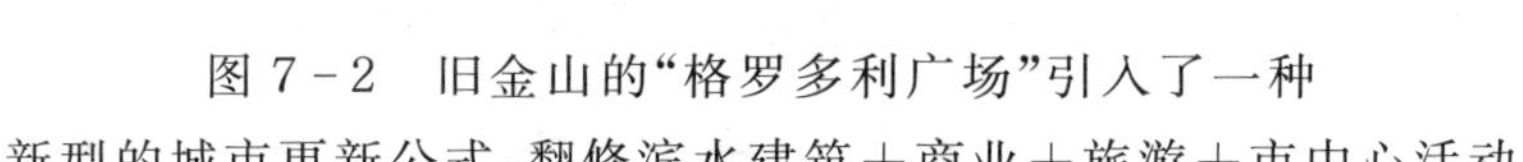

图 7－2　旧金山的“格罗多利广场”引入了一种
新型的城市更新公式：翻修滨水建筑＋商业＋旅游＋市中心活动

业或制造业提供什么落脚点，不过，这类城市能够出售愉悦。

与 20 世纪 60 年代失败的城市更新项目不同，“格罗多利广场”和“罐头厂”迎合了公众。规划设计在其中占有很大一个部分。建筑师沃斯特（Wuester）和埃谢里克（Esherick）的建筑是新与旧的独特的混合，以轻松的北加州方式来说，它无可争议地令人耳目一新。这些建筑师不是以乌托邦的想象或采用一种郊区的模式来改造城市，他们抓住了城市有吸引力的独特特征，以此作为优势：有趣的外观、老的工业建筑、充满活力的密集人群，总而言之，滨水的特征。

"格罗多利广场"和"罐头厂"都是私人开发的项目，但是比较早期的水畔改善型项目遵循的是不同的模式：第一阶段公共资金投入，第二阶段私人投资跟进。1718 年建立的圣安东尼奥市跨越宽阔的圣安东尼奥河，如同大部分北美城市那样，河流在历史上不过是作为一种商业便利而已。20 世纪初，不再使用驳船了，这条河流低于街面十几英尺，成为了一个不堪入目的垃圾场。1926 年，在一场毁灭性的市区洪水之后，城市工程师提议，把河流引入地下管道。在许多次公共会议之后，在地方建筑师罗伯特·赫格曼（Robert Hugman）的一项建议影响下，这项工程停了下来，市政府决定采纳一项城市美化项目。1938—1941 年，在"联邦工程发展管理局"的支持下，建设了一座洪水闸门和绕开城市的渠道，马掌形状的河流两边种植了古柏树，进而把这段河流变成了一个线型公园，沿着河岸，还建设了步行道。[4] 31 级台阶从街面一直延伸到河边，21 座步行桥横跨河流。

赫格曼称他最初的设想为"阿拉贡和罗米拉的商店"。这个名字没有被采纳，而改用了"帕塞欧尔·德里奥"，当然，赫格曼沿着景色秀美的河边建设商店和餐馆的愿景成为了现实，这个"帕塞欧尔"（或"河边走"）项目大受欢迎，在商业上也获得了成功。像"格罗多利广场"一样，"帕塞欧尔"也是从怀旧角度投入资金建设旅游景点。这座城市具有西班牙的历史遗产，该特征在赫格曼的台阶和桥梁设计上得到了暗示。20 世纪 60 年代，这

图 7-3　圣安东尼奥僻静的"帕塞欧尔-德里奥"的城市基础设施，转变成一个休闲娱乐场地

个"帕塞欧尔"占地面积扩大了两倍；1968 年，一个河段延伸到了新的会展中心，在这个商业混合体中，还增加了一个大型酒店——"希尔顿帕塞欧尔·德里奥"。[①]

"帕塞欧尔 - 德里奥"和"格罗多利广场"的经验很快在其他地方得到了应用。波士顿的"再开发局"当时正在寻找对市政府所有的"昆西市场"做商业使用的规划提案，自 1826 年以来，三个历史性滨水建筑一直被用来作为公共市场，但是，当时已经闲置了。1974 年，巴尔的摩的购物中心建筑商杰米斯·劳斯

① 1981 年，又开发了另一条河流分支，据说叫"阿拉摩"。现在，有一项规划正在讨论，准备向这座城市的北部和南部延伸这个运河网络。

(James Rouse)被指定为这个6.5英亩场地的开发商。旧市场的建筑面积为37万平方英尺，相当于一个小型区域购物中心，周边步行距离内有足够多的办公室职员和居民，支撑商店和餐馆，然而，劳斯决定把目标投向游客和当地居民。他没有建设支柱性商店，而是创造了一个零售中心，仅仅由小型的、基本上是当地的商人组成，大致有160家，包括商店和餐馆，在户外空间，还包括了许多手推车生意。劳斯聘请的建筑师本杰明·汤姆森(Benjamin Thompson)把玻璃延伸到主建筑上，创造了一个购物场所，把新旧建筑结合到了一起。汤姆森设计了狭窄的公共空间，强调人口密集的活动和步行活动；老市场的楼上变成了办公空间。与常规设计不同，改造后的“昆西市场”不提供停车场。

像“格罗多利广场”一样，“昆西市场”是一个商业性开发，旨在通过对城市开发所采用的独特方式来吸引公众，像“帕塞欧尔·德里奥”一样，“昆西市场”是公共和私人利益成功合作的典范。罗斯和汤姆森继续展开了巴尔的摩“内港湾”所谓节日市场的设计和建设。这个地方虽然比“昆西市场”小，又缺少历史性建筑，但“湾景”同样成功了，“昆西市场”和“湾景”的年度销售额超出了传统的郊区购物中心。许多城市通过罗斯和其他人，一直都在使用这种节日市场模式，其中包括纽约的“南街海港”、迈阿密的“海湾市场”以及芝加哥的“军港”。人们乐于接近水，这是所有建设都证明了的一个简单事实，相较这些建设的先驱们，现在的这类设计更程式化了，常常被人们认为缺少了魅力。

第八章
毕尔巴鄂异常

1956年，美国城市规划史上发生了一件具有分水岭意义的事件，宾夕法尼亚大学开设了城市规划和建筑相结合的学位课程。这个课程的目标是培养填补城市规划师和建筑师之间日益扩大的空白的专业人员，当时，城市规划师日益增加了对大规模城市政策的关注，而建筑师则一般只关注单体建筑。克拉伦斯·斯坦的前合作者也就是“拉本德”的合作设计者亨利·赖特，帮助制定了这个建议：“现在，设计者需要，紧急需要，拥有广阔的视野，能够理解城市和这些时代的生活，最重要的是，需要拥有这样一种特殊训练：把建筑与建筑相互联系起来，把建筑与自然景观联系起来，把建筑与城市活动联系起来。”[1]

这个新学科即是众所周知的城市设计。①城市设计师面对的是建筑组合问题，如市中心商务区、居住街区、规划的社区、城镇中心和大学校园。建筑师常常设计一个个单体建筑，而城市设计师不设计单体建筑，而是针对建筑之间的公共空间，大道、街

① 1956年的规划会议导致哈佛大学在1959年设立了城市设计学位，正是在那次会议上，简·雅各布斯提出过反对城市更新的意见。

道、广场、散步道和公园做出规划，建立起基础的设计指南，如建筑退红、建筑高度和其他一些规则，控制建筑之间的相互关系。在思考 20 世纪 50 年代大型项目的错误和雅各布斯的批判时，城市设计师意识到，建设一座城市不同于建造一幢建筑；在城市建设的渐进过程中，长期涉及许多方面的问题。[2] 因而，城市设计规划的目标为，构建一个宽松的框架，容纳这个渐进的城市发展过程，承认未来通常是不可预测的。从整体上讲，这种城市设计的规划方式已经证明是可行的、有效的，"湾景"和"雷斯顿城镇中心"就证明了这一点。

2002 年 7 月 20 日，在纽约市"贾维茨会展中心"举办的市政会议上，再次出现了一件堪称里程碑式的事件。这次会议是由"重建纽约市中心民间联盟"组织的——这是一个社区团体的联盟——会议的主题是"世界贸易中心场地"的重建，该中心在 2001 年 9 月 11 日被恐怖袭击所摧毁。负责这项重建工作的"下曼哈顿开发公司"提出了许多城市设计方案，描绘了如何在这个 16 英亩的场地上安排 1100 万平方英尺的办公空间、零售空间、一座酒店和受害者纪念建筑物。纽约的建筑和规划机构"拜尔·布林德·贝尔"(Beyer Blinder Belle)，为这个场地编制了规划设计图和模型。这家企业曾经设计过"南街海港博物馆"，最近，它把下曼哈顿的"石头街"成功地改造成了露天餐饮一条街。然而，在这次会议上提出的六个规划设计方案中，只有两个方案是由"拜尔·布林德·贝尔"设计的；主张"新城市主义"的建筑和规划机构"彼得森·利滕伯格"(Peterson Littenberg)提出了两个规划方案；另外一个规划方案的基础是电厂建筑师"斯基德莫尔、

奥因斯和美林”(Skidmore, Owings & Merrill)为劳拉·西尔弗斯坦(Larry Silverstein)编制的一个规划,劳拉·西尔弗斯坦是被摧毁的“世界贸易中心”双塔建筑的承租方;第六个规划方案的基础是亚历山大·库佩(Alexander Cooper)设计的一个总体规划,亚历山大·库佩是“炮台公园城”的设计者之一。

在这次市政厅会议上,六个不同规划方案的设计者都没有得到发言机会。相反,这些项目以城市设计师称之为“整体模型”的方式展示在公众面前,这种“整体模型”展示的是一般建筑体量,没有特殊的建筑细部。参与这次会议的4500人被分成小的讨论组,会议方使用电子方式与中心数据库相连接,允许参与者进行即时投票。会议很快出现热闹的反应,与会者们不喜欢六个规划模式中的任何一个。共同的抱怨是,这个建筑缺乏想象力,办公建筑太多,纪念区难以触动人心。总而言之,人们认为“下曼哈顿开发公司”没有完成这项工作。当“重建纽约市中心民间联盟”的创始人之一罗伯特·亚罗(Robert Yaro)说出妥协的话时,大家把他轰下了台。在此次会议举行三天前,《纽约时报》发表了一篇题为“我们不要的市中心”的社论,社论与会议对这些规划方案的嘈杂反应如出一辙,社论把这六个规划设计方案描写为“令人沮丧的、乏味的设想,远不是纽约市和世界期望看到的那种世界贸易中心场地”。[3] 尽管这是一篇自命不凡的议论,但它确切地反映了公众的心态。

显而易见,当时,这六个规划设计方案的设计者与公众之间没有联系。哪条街封闭,哪条街开放,街道建在哪里,如何与复杂的地下设施相配合,如何解决交通问题(街道、地铁和纽约新

泽西港务局线，PATH)，诸如此类的问题城市设计者并没有考虑，他们把世界贸易中心场地的重建看成纯粹技术问题。城市设计师希望避免超大地块方案，小心翼翼地把世界贸易中心场地重建与纽约市剩余的地方结合在一起。正如《纽约客》建筑评论家保罗·戈德伯格(Paul Goldberger)所说，“在城市规划圈里，已经有一段时间不时兴大胆了，尤其是下曼哈顿这样的地区，下曼哈顿不仅与世界贸易中心这类项目相关，还与没有实现的方案相联系，如罗伯特·摩西(Robert Moses)设想的穿过纽约市中心的高速公路，公路如果建成，将会摧毁苏荷区”。[4] 但是公众却要求大胆。公众不仅把世界贸易中心场地的重建看成修复城市的一次机会，而且把它看成创造新的、令人激动的建筑形式的机会。这些新的建筑形式既标志着“9·11”事件，也纪念“9·11”事件。

甚至在这次市政厅会议结束之前，“下曼哈顿开发公司”那些怯懦的官员们就宣布，他们会延长完成最终总体规划的截止日期，以便考虑新的观点。[5]这六个城市设计建议被搁置起来。一个月后，纽约市宣布举行一个“概念性意向”的国际竞争。406个团队做出反应，最终选中了七个团队。有些团队的成员具有规划经验，多数是享誉盛名的建筑师，其中有两个是建筑普利策奖获得者——理查德·迈耶(Richard Meier)和诺曼·福斯特(Norman Foster)，还有最著名的建筑设计师查尔斯·格瓦思梅(Charles Gwathmey)、拉斐尔·维罗尼(Rafael Vinoly)、彼得·艾斯曼(Peter Eisenman)和史蒂芬·赫尔(Steven Holl)；年轻的国际建筑师如丹尼尔·里伯斯金(Daniel Libeskind)，还有著名建筑设计事务所“伦敦外交部建筑师”和阿姆斯特丹的“UN 设计事务所”。

早先提出的那些城市设计意向已经得到了关注，如地铁车站、公交线、现存的河流隧道和地下设施，与西边的“炮台公园”和北边的“翠贝卡”的衔接。然而，纽约市最终选择的七个国际团队所提出的建筑项目一般都忽略了这些现实的约束，集中考虑的不过是建筑形式：福斯特设计了一对相互连接起来的摩天大楼；迈耶、艾斯曼、赫尔和格瓦思梅的团队提出了引人注目的五个相同的高层建筑组成的建筑群；里伯斯金则围绕一个巨大的纪念遗址布置他的建筑；“伦敦外交部建筑师”和“UN 设计事务所”的团队则提出了一种也许根本就不可能建起来的前所未有的巨大超级建筑物。虽然建筑评论一般性地赞赏了这些成果，可没有谁为之兴高采烈。亚罗抱怨道，“这就像是给猪抹口红。我们除了有许多围绕这项重建工作而展开奇思妙想的建筑师外，没有任何改变。他们依然在设计着同样的东西，只不过稍微好看一点儿而已”。[6] 亚罗是说，这个项目的设计者并没有改变思路，基本上还是在考虑办公建筑。①但亚罗的批判遗漏了这样一个观点：奇思妙想的建筑师和美丽的建筑模型，恰恰是媒体尤其是《纽约时报》鼓动公众去追求的东西。

这就是为什么那个在“贾维茨会展中心”举办的纽约市政会议是一个里程碑。40 年前，简·雅各布斯曾经批判城市规划

① “世界贸易中心场地”的业主是“纽约-新泽西港务局”，法律规定，“纽约-新泽西港务局”的土地不得用于住宅建设。

“梳理出了一定的文化功能或公共功能，清除掉了它们与日常运转的城市的关系”。[7] 当时，新的城市设计学科正是对她的批判的一种反应；然而，公众并不了解城市设计。用建筑师和作者菲利普·诺贝尔的话来讲，“将会扼杀规划的那些普遍的负面反应，不仅仅是对不满意的建筑的下意识反应，也标志了世界贸易中心场地有理智的规划的逝去”。[8]

公众迷恋那些所谓重要的或标志性的建筑，即由建筑明星设计的引人注目的建筑物，这是 20 世纪 90 年代后期出现的一种现象，它导致人们拒绝对城市做设计，而青睐展示性的地标性建筑。当然，城市的地标性建筑并非一种新事物，例如，19 世纪下半叶的欧洲城市就包括了大规模铁路车站、富丽堂皇的百货公司、巨大的展览大厅、令人流连忘返的歌剧院，和埃菲尔铁塔这类城市标志。历史学家巴里·伯格多尔（Barry Bergdoll）把这个时期描述为“丰碑崇拜”。在欧洲，人们把官方认可的、具有历史启迪意义的建筑的兴起，与德国、比利时和意大利这些国家的民族主义意识形态联系起来，与正在增长的商业利益的权力联系起来。[9] 伯格多尔写道：“姗姗来迟的建筑与蓬勃发展的广告艺术联系在了一起，建筑甚至很快做出了新兴学科视觉心理学方面的新发现，细化建筑所传达的信息和诉求。”[10] 在营利理念盛行的美国，建筑和广告之间的联系特别显著，20 世纪前 40 年，美国展示了名副其实的商业标志性建筑的大爆炸：贵族城堡式的酒店和公寓建筑，罗马澡堂式的火车站，类似于佛罗伦萨宫殿的百货公司；最吸引眼球的城市标志性建筑莫过于商业摩天大楼。

在任何一个时期，那些与商业利益相似的力量，一种对于富

足的追求、对未来的自信，一种认为自己的时代举世无双的感觉，都需要自己的特殊表达形式，都在给公众对地标性建筑的欲望火上浇油。悉尼歌剧院是战后实现当前国家象征的第一个建筑，该建筑由丹麦建筑师乔恩·伍重(Jorn Utzon)设计，在1973年完成。虽然澳大利亚相对遥远，大部分非澳大利亚人在2000年奥运会前，一直没有实地看到这座建筑，然而，这个雕塑式的水泥屋顶及其特殊的场地早就抓住了世界的想象。《地标建筑》(*The Iconic Building*)一书的作者查尔斯·詹克斯(Charles Jencks)把建筑标志描绘为明确的标志和隐喻符号之间精致的协调表现，即可以记忆的形式和联想出来的形象之间的精致的协调表现。詹克斯强调，在一个异质性日益增加的世界，恰恰是多方面的，有时甚至是神秘莫测的意义，把建筑物转变为受欢迎的标志。按照詹克斯的看法，悉尼歌剧院翻腾的白屋顶能够被看成航船、波浪或贝壳。[11]这个建筑标志与音乐关系不大，当然，对于悉尼海湾和澳大利亚来讲，似乎恰如其分。

1991年，弗兰克·盖里(Frank Gehry)参加了一个国际竞争项目，设计西班牙毕尔巴鄂的古根海姆美术馆，他的客户特别向他推荐了悉尼歌剧院。盖里告诉詹克斯，“这是一个不大的竞争，竞争对手有矶崎(Arata Isozaki)、希梅尔布劳(Coop Himmelblau)和我，据说古根海姆美术馆的馆长托马斯·克雷恩斯(Thomas Krens)和巴斯克政府的代表需要到场。他们需要古根海姆美术馆建筑对毕尔巴鄂产生效果，如同悉尼歌剧院对澳大利亚所达成的效果”。[12]盖里做到了这一点。自古根海姆美术馆对外开放以来，美术馆已经吸引了400万游客到毕尔巴鄂，给这座城市带来了上千万元的经济收入和新的税收。古根海姆美术馆把毕尔巴鄂这座老工业港口变成了重要旅游点。当改造了的地铁系统，新的机场、购物中心等对这座城市的振兴发生作用时，古根海姆美术馆当之无愧地居于首位。

图 8-1　作为城市更新催化剂的建筑标志

如同悉尼歌剧院的符号象征，毕尔巴鄂这座美术馆的符号象征神秘莫测。人们把钛合金旋转片、气球状和冲突的形式形形色色地描绘为生物形态的雕塑和一种星际飞船；当地的解释是银色的洋蓟。无论它的意义是什么，盖里的美术馆对当代建筑产生了重大影响，把建筑设计推向了表现主义的雕塑方向。盖里的美术馆也一直影响着许多建筑师思考城市的方式，同样影响了他们的客户。纽约的建筑师史蒂芬·赫尔(Steven Holl)说，“一个单体建筑比起一个军团的城市规划师更能有效地引起变化”。这个说法简要且有些傲慢地概括了我们所了解到的“毕尔巴鄂效应”——一个建筑能够单枪匹马地让一座城市出名。[13]当城市日益依赖国内外游客时，在吸引游客上，媒体的宣传越来越重要。无论是一座音乐厅还是一个摇滚名人堂，引人关注的建筑是人们参观一座城市的附加理由。①

虽然“毕尔巴鄂效应”设想的建筑的确一举成为毕尔巴鄂的城市标志，但历史上不乏相反的事实。例如，埃菲尔铁塔建成之初，几乎没有得到普遍认同；伦敦的大本钟塔实际上早在1852年就建成了，直到大轰炸时期才获得其标志性身份。当“克莱斯勒大厦”建成时，大部分建筑批判家把它贬低为华而不实的商业化建筑物；在大萧条时期，一半靠出租的“帝国大厦”，竟然成为一座“空空如也之地”。[14]不受欢迎的建筑可能在某个时间大受欢

① 毕尔巴鄂市是巴斯克自治区的首府。围绕毕尔巴鄂市的37个行政辖区在巴斯克地区10%的土地面积上聚集了这个自治区总人口的43%和比斯开湾人口的80%，形成了在巴斯克地区经济社会发展中起决定性支配作用的毕尔巴鄂都市区。在这个都市区内，毕尔巴鄂市本身只有35.3万人，土地面积47平方公里；周边37个行政辖区合计人口约70万，土地面积超过600平方公里，共同构成了毕尔巴鄂市郊区。这些郊区行政辖区中，8万和9万人口的辖区各一个，3万和4万以上的辖区各3个，1万以上的辖区5个，800—9000人的辖区24个。在它们中真正称之为卫星城的辖区只有6个，其中一个仅有2872人，其他5个在14000—27000人不等，人口合计接近10万。这样一来，城市型居民点和村庄型城市居民点各容纳了50万人。当然，它们的人口密度不同。城市型居民点的平均人口密度在每平方公里1832人，而村庄型城市居民点的人口密度在每平方公里833人。这些村庄型城市居民点具有明显的环境优势，但弱势是基础设施和公共设施的建设捉襟见肘，运行维艰。尽管如此，与其他欧洲发达国家一样，政府没有采取合并居民点的办法来解决这类问题。发达的交通设施在把这些市政辖区真正结合在一起来发挥了关键作用。毕尔巴鄂都市区基本上是沿尼厄芬河而展开，目前河上修建的7座桥把欧洲和内地的主要公路连通了起来；城市铁路成为郊区人口上下班的重要交通工具，年客运量8500万人次；同时，还有7条一般铁路线供上下班使用；另外，这个都市区还有100条公共汽车线路。——译者注

迎，当然，随着时尚的变化，相反的事情都有可能发生。1871年，费城决定建设一座壮丽的新市政厅，建筑师小约翰·麦克阿瑟选择了装饰华丽的“第二帝国”风格，“第二帝国”风格当时的确很时髦。但是，这个建筑将花很长的时间去建设，而30年后，时尚已经发生了变化。在大部分人看来，这个市政厅双重斜坡屋顶和绚丽的装饰都太过时了，不说它彻头彻尾尽显俗气，至少那些美术古典主义的建筑风格是一种过了时的时尚。巨大的块石桩变成了某种障碍，20世纪20年代以及随后的几十年间，拆除这幢建筑的呼声不绝于耳。费城的这幢市政厅是美国最大的市政建筑，可能正是因为它规模太大，才免遭劫难。到了20世纪80年代，时尚的风向标又开始改变。随着历史保护思潮的风行，一般而言，老建筑，特别是维多利亚式建筑，开始被认为是一种建筑遗产。2007年的一项民意测验要求美国人给他们青睐的建筑打分，费城的这幢市政厅排名第21位，紧随“布鲁克林大桥”之后，名列费城其他建筑物之前。[15]

然而，许多远比费城市政厅更有价值的建筑，没有能够越过时尚变化的险滩。查尔斯·麦克金的费城火车站仅使用了54年就被拆除了；赖特辉煌的“拉金大厦”留存了47年就不复存在；理查森具有纪念意义的“马歇尔场”商店只生存了43年；斯坦福·怀特的“麦迪逊广场花园”仅有25年的历史。对于一个建筑而言，最严峻的考验期一般在30—50年。在建筑品味已经改变、最初的设计不再具有新鲜感的时候，提出拆除或大规模改建，最有可能受到重视。如果一幢建筑躲过了这种“中年”危机，几十年后，当时尚钟摆又摆回来时，这幢建筑可能再次受到宠爱。如果一个建筑在功能上和美学上能够让这样一种说法站得住脚,应该有不同的实际标准来掌握伟大的建筑,否则这种说法形同虚设。如果一个建筑抓住了人们的喜好,也是有帮助的。当然,建筑为一般公众喜欢是不够的,还必须被它的主人所喜欢。当建筑的所有者去评价建筑时,他会提出一定程度的功能异常问题,没有一幢建筑是完美无缺的,所有者会去维护这座建筑,修缮甚至进行技术系统升级,每 30—40 年大修一次。当然,一幢建筑不能得到其主人的青睐,即使建筑领域的伟大之作也无法让这座建筑免除厄运。

毕尔巴鄂古根海姆美术馆才诞生了十年,我们现在就对它不同寻常的建筑风格从美学角度和功能上下判断,还为时尚早。当然,"毕尔巴鄂效应"可能最好称之为"毕尔巴鄂异常",因为实践证明,很难复制"毕尔巴鄂效应"。例如,微软的亿万富翁保罗·艾伦(Paul Allen)步盖里童话般成功的后尘,邀请盖里为西雅图设计一个摇滚博物馆。"感受音乐项目"是为了纪念西雅图成长起来的摇滚吉他手吉米·亨德里克斯(Jimi Hendrix),并想以此让西雅图这座城市出名,当时,西雅图仅有一座令人流连的建筑——"太空针塔"。然而,这座翘首期盼的建筑成了一张空头支票,一个形式、材料和色彩的杂乱堆砌,这个设计试图努力表达摇滚乐(据说这个建筑的形状受到电吉他的启发)。无论是因为这个建筑令人困惑的设计,平淡无奇的内容,还是在标志性的感觉上存在瑕疵,总之"毕尔巴鄂效应"没有奇迹般地再现。到访人数远远低于预期,工作人员遭遇裁减,在不能吸引公众的情况下,这个建筑的部分空间被转换成"科学幻想博物馆"和"名人馆"。

在描述大部分后毕尔巴鄂博物馆的建筑命运时,《纽约时报》警告说,“好消息是,在一个新建筑开张后的一年中,可以期待到访人数的峰值。坏消息是,在一个新建筑开张二至三年后,到访人数水平的峰值就结束了”。[16]有时甚至持续不了这么长的时间,到访人数就衰减了。“丹尼尔·里伯斯金设计室”设计的“丹佛艺术馆”的预期到访人数为每年 100 万,但开放第一年,到访人数仅有 65 万,为此,艺术馆只得裁员。[17]史蒂芬·赫尔认为,建筑具有超越城市规划的优势,他踌躇满志的看法源于他在西雅图城外贝尔维尤镇上设计的一个新艺术博物馆。最初,他希望这个博物馆能够成为让这座了无生气的城镇走出困境的先锋。《建筑记录》平心静气地提出,“赫尔期待参观者把建筑看成一种城市设施,建筑不仅美丽,甚至与人相联系,是边缘城市乌托邦转换中的第一步”。[18]“贝尔维尤艺术博物馆”开放不足三年,馆长接二连三地替换,最终因没有观众参观而不得不关门大吉。[19]

1987 年,费城决定建设一座新的市中心音乐厅。然而预算仅有 6000 万美元,尚有较大缺口。于是,罗伯特·文丘里(Robert Venturi)设计了一个简单的砖盒式建筑,几乎是一个反标志。市政府要求他把建筑设计得更有“意义”一些,文丘里调皮地在建筑外墙上增加了霓虹灯装饰。接下来,“毕尔巴鄂效应”萦绕在人们的思想中,当时人们的一般感觉是,新的市中心音乐厅应该有更多的东西,文丘里的设计于是被否决了。经过建筑竞争,这项工作落到了拉斐尔·维罗尼(Rafael Vinoly)身上,他曾经设计过一幢特殊的建筑——一个巨大的玻璃屋顶覆盖了两个会堂。然而，国家媒体对这座“金梅尔中心”的报道不冷不热，尤其是与同一年盖里为洛杉矶设计的“沃特·迪士尼大厅”所得到的喝彩声相比，维罗尼的这座“金梅尔中心”没有受到什么关注。在费城“金梅尔中心”完成后不久，管理者采取了很不一般的步骤，起诉这个中心的建筑师，说他造成了成本超支和工期延迟。从表面上看，这是诉讼的理由，而实际上，按照“费城探索者”的说法，“隐藏其中的抱怨似乎是，维罗尼没有送来令人赞叹不已的东西”。[20]

图 8-2 “毕尔巴鄂效应”没有在贝尔维尤艺术博物馆展示它的神奇力量

正如安德烈·什卡布斯基(Andrejs Skaburskis)指出的，公众的需求有可能创造城市的形式，但带有这种“毕尔巴鄂效应”的需求常常具有负面效果。过去，因为公共纪念物的寿命不是几十年，而是若干世纪，所以，我们期待公共纪念物展示出它的吸引力和庄重的形态。人们都期待“纽约公共图书馆”和华盛顿特区的联合火车站给人留下深刻影响，甚至令人目眩；然而，人们并不希望它们令人惊愕或供人娱乐。由于现在的建筑标志，不仅仅要与别的建筑来竞争以便获得关注，而且还要与电影、音乐录像带、计算机游戏等公众娱乐形式争宠；为此，建筑师及其客户已经放弃了所有的约束。为了积极追逐创新，建筑师一直都在挖掘异乎寻常的形式和特殊的材料，努力成就令人惊叹的空间效果和构造效果。焰火是美丽的，可谁又期待每晚都是火树银花不夜天呢？

公众对新奇的需要不仅扭曲了建筑，也扭曲了城市设计。特立独行的建筑通常造成不良的城市邻里，一个标志林立的城市可能面临成为主题公园的风险，或者成为拉斯维加斯大街的风险。[①]毕尔巴鄂古根海姆美术馆之所以成功，是因为在一个19世纪古板建筑的规划布局中，古根海姆美术馆无疑是一颗耀眼的明珠。城市设计的成功范例，如17世纪的阿姆斯特丹、乔治王朝的爱丁堡和伦敦以及19世纪的巴黎，都具有类似的特征，街道、广场以及运河的高品质，民间建筑次序井然的美。当今城市所面临的真正挑战并不是创造城市标志性建筑，而是创造更多的这类布局。目前还在持续的经济萧条可能有助于实现这个目标，因为大项目的资金已经枯竭，经济条件更倾向于微小的目标，修缮、更新、重新使用一些建筑，而不是完全拆除和重建。

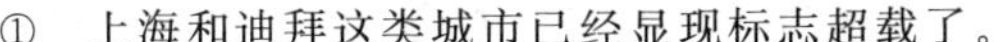

① 上海和迪拜这类城市已经显现标志超载了。

2002年,纽约市“贾维茨会展中心”市政会议的参与者真的希望某种“毕尔巴鄂效应”在那里出现吗?丹尼尔·里伯斯金胜出的方案包括了许多标志性元素:一幢1776英尺高的摩天大楼、一个“英雄公园”、一个“9·11”纪念地以及一个每年9月11日能够接受一道阳光的公共广场,所谓“光之楔”。[21]许多人都赞成这个设计。《华尔街时报》的阿达·路易斯·赫克斯特布尔(Ada Louise Huxtable)写道,“建设师里伯斯金所规划的纪念堂,会是一个源泉和更新的孵化器”,预计会出现“毕尔巴鄂效应”。[22]但是,我们绝不会知道,在里伯斯金的设计通过了工程上的限制、房地产经济和政治上的明争暗斗之后,这个设计的几乎全部符号元素都消失了,包括纪念墙、巨大的瀑布和一个像碎片的博物馆。如果世界贸易中心场地确实有一个标志的话,可能就是由来自圣迭戈的卡拉特拉瓦(Calatrava)设计的港务局的新火车站,卡拉特拉瓦设计的这个火车站好似一个可以打开的巨大屋顶下的禽类骨架。但是,这个项目现在同样面临一般被认定为标志性建筑所具有的共同问题:高额的建筑成本,该项目的费用高达30亿美元。[23]就在我撰写本书之时,即2010年秋,有关这个项目的新设计方案接踵而来(屋顶不再是开敞的),现在,我依然不清楚这个火车站的最终形式会是什么样的。

“世界贸易中心场地”正在重建。新的世界贸易中心七号楼已经启用,它包含所有的变电站。地下设施接近完工;纪念性建筑物的设计方案已经选择;新的世界贸易中心一号楼已经开工建设,这个82层的摩天大楼是由大卫·蔡尔兹(David Childs)和“斯基德莫尔、奥因斯和美林”设计事务所共同设计;理查德·

罗杰斯(Richard Rogers)、诺曼·福斯特(Norman Foster)和楨文彦(Fumihiko Maki)受邀设计三个相邻的办公大楼。最终的“世界贸易中心场地”规划明显类似于 2002 年市政会议上被公众否定了的方案之一:“亚历山大·库珀(Alexander Cooper)规划”。“9·11”事件发生后仅两周,“布鲁克菲尔德房地产”邀请“库珀、罗伯逊及合伙人”研究这个地区,“布鲁克菲尔德房地产”拥有与“世界贸易中心场地”相邻的“世界金融中心”。库珀规划方案的核心是,恢复 1973 年建设“世界贸易中心”时已经清除掉的格林威治街和富尔顿街,在下曼哈顿和世界金融中心之间形成一种连接。为了强化这个联系,库珀提出,铺盖一段十个车道宽的“西街”,建设一条新的比较窄的大街以及种有行道树的步行道,一直延伸到最南端的炮台公园。这个设计方案最昂贵的部分是地下设施:新的“长岛城铁路”终点站,这段城铁把下曼哈顿与杰梅卡用高速城铁连接起来。格林威治街和富尔顿街的恢复可以把这块 16 英亩的超大地块分割成四块。库珀指出,四块中最大的一块基本上与“麦迪逊广场”或“布莱恩特公园”规模相似,包括了两幢被摧毁大楼的印迹,能够用于建设纪念性公园。

库珀的总体规划解决了“世界贸易中心场地”的关键问题,按照其合伙人杰奎琳·T.罗伯逊(Jaquelin T. Robertson)的说法,这个方案实际上“在任何一个再开发代理机构设立之前,多种研究和模式展示开始之前,就已经得到了纽约州、纽约市和港务局非正式的批准”。虽然这个新的城铁线和覆盖“西街”的项目因为过于昂贵而被搁置,然而,规划方案的许多部分正在实现:恢复了的格林威治街和富尔顿街,格林威治街东边的若干办

公楼和一个新的车站，包括两幢被摧毁大楼印迹在内的纪念场地。里伯斯金的方案设想，这个纪念场地低于街道平面 30 英尺，但现在的纪念场地设计不过是一个街道平面的公园，与库珀的方案一样。这不是一个复制的问题。库珀的规划不过是预测了最敏感的结果，而这个预测的基础是逻辑分析，而不是个人的发明。总而言之，我们也许可以说，城市设计主导了“世界贸易中心场地”。

图 8-3　2002 年库珀、罗伯逊的研究，给“世界贸易中心”场地建立起了主要城市设计参数

第九章
把城市发展的碎片拼凑起来

“世界贸易中心场地”对于城市再开发来说是突然出现的、始料未及的个案，当然，城市总是处在建设和再建设之中，总是承载着日益增长的人口、技术和文化的变化。也许最一般的城市变化是增加的人口和建筑密度。增加密度有许多优势：街上有更多的人（通常可以产生一个安全的社会环境），更多的商店、各类公用设施，更多的选择，更有效率的公共交通，更高的房地产价值。增加密度也能产生更多的市政税收，对于那些人口流失的城市来讲，增加密度，进而增加市政税收，至关重要。确有一些城市因为战后的去工业化而出现了人口流失的倾向，由于去工业化，较小的家庭规模和较大的居住单元的流行，现在的城市人口密度，甚至密度最高城市的人口密度，都远低于它们100年前曾经有过的人口密度。[1]

反对增加城市密度的人们使用了这样一个危言耸听的术语——“垂直蔓延”，实际上，现在谈论“垂直蔓延”还为时尚早。[2]

在城市范围内，城市密度的增加并不均衡，高密度通常出现在公用设施周边地区，如市中心、文化区、公园和滨水地区。正是这种城市密度的增加，使得这些公用设施逐步发挥出它的最大潜力。购物街、城市公园或滨水艺术中心等的成功取决于大量到访的人数。一条无人光顾的街道、保护起来的公园或空空如也的滨水艺术中心不仅没有吸引力，甚至受到威胁或处在危险之中。因此，究竟是先有人口密度，还是先有公共设施呢？

一种回答是，“建设公用设施，人们就会来”。大型混合开发项目通过在相对短的时间里吸引许多居住者的办法来实现这一设想。因为从一开始就需要有足够的公用设施以吸引购买者和租赁户，所以，这种项目的成功依赖于开发商有足够的先期资金投入，即依赖于那些财力雄厚的开发商。这种项目必须有足够大的规模，以保证投资不至于没有回报；开发商必须有经验和资源去面对各式各样的使用者。城市政府的作用很重要，尤其在土地组合和促进社区接受这种开发方面。规划设计也十分关键，因为这种项目必须很快建立起独特的品质——一种有意义的场所。当然，为了有效地实现这一设想，必须有米下锅；这座城市应该是正在增长的和经济上健康的都市区域的一个部分，这一点至关重要。增加市中心的人口密度并不是拯救衰退城市的办法。

规划师所面临的挑战是，如何启动开发，又不陷入 20 世纪 50 年代大型城市更新项目的困境之中。做到这一点可能很困难，正如费城“佩恩登陆点”(Penn’s Landing)错综复杂的历史所显示的那样。20 世纪 60 年代早期，为修建下沉式跨城公路，利用挖出的土方，填埋产生了这个地处特拉华河边的 75 英亩的场地。“佩恩登陆点”地处市场街脚下，与市中心相邻，费城市政府认为这个场地具有很好的盈利前景，开发潜力巨大，因此，取得了这个场地的所有权。市政府商务部编制了该地区的总体规划。在城市更新的主导思想下，开发采用了超级地块的方式，由港务局的一幢标志性大楼、一些办公空间、一个科学园区以及一个锚地组成。作为振兴费城港口功能的一部分，这个规划包括了两个能够分别停泊 3 万条游艇的内河码头。规划原计划在 1976 年费城世界博览会开幕时完成，而世界博览会举办时间与《独立宣言》签字 200 年的时间恰恰重合。

"佩恩登陆点"规划反映了公共部门官员的想象，尤其是费城规划委员会执行主任埃德蒙·N. 培根（Edmund N. Bacon）的想象，但这个规划有许多瑕疵。费城规划委员会认为它是威廉·佩恩（William Penn）最初规划的逻辑延伸，然而，规划者没有考虑到，新的办公建筑距离现存的商务中心有 2 英里的距离。另外，到达这个场地的交通存在问题。主要州际公路I－95，当时还没有建设好，正处在最后的规划阶段，进而，这个规划中的主要州际公路将必然出现一个 400 英尺长的立交桥，使得"佩恩登陆点"与城市其他部分的联系弱化。

由于市政府和州政府的游说，联邦公路规划师同意在对着"佩恩登陆点"的七个地块的位置上，降低I－95的高度，至少允许从街道水平上到达"佩恩登陆点"场地。1970 年，一个准公共机构"佩恩登陆点公司"成立，三年之后，它宣布这个场地混合使用项目的开发竞争开始。胜出的方案由三个高层建筑组成，包括办公室、公寓和一家酒店，均建在一个 1400 英尺长的室内停车场之上（与河流相邻意味着停车现场必须在地上）。因为大部分人驾车到达"佩恩登陆点"，所以需要这样一个室内停车场，而且开发商要求给I－95增加新的坡道。这个要求引起了街区群体的反对，他们担心这样会增加地方街道的交通压力，经过多年的听证，最终决定不采纳建设坡道的方案。于是，开发商退出了这个项目。

虽然费城没有赢得世博会的举办权，但《独立宣言》签字200年的庆典越来越近了，“佩恩登陆点”场地的景观建设已经耗去1300万美元，以便首先让公众使用这个场地举办特殊的集会，如焰火晚会和音乐会。随后的20年里，为了开发这个场地分别出现过四个不同方案。费城按照其中的一个方案制定了总体规划，但是找不到开发商来实施；另一个方案因为国家经济放缓而搁浅了混合开发项目。曾经在波士顿和巴尔的摩成功展开滨水项目的“罗斯公司”提出了它雄心勃勃的节日市场的设计方案，但在丧失掉一个关键租赁户“迪士尼”、面临全国范围内的零售不景气时，“罗斯公司”也放弃了这个项目。

正是在“佩恩登陆点”第一个总体规划出现三十多年以后，1997年，费城市政府选择了“西蒙·德巴尔托洛公司”在这个场地上开发一个娱乐和零售综合体，也就是购物中心。这个场地的新特征是联邦资助建设项目，把“佩恩登陆点”与河对面的卡姆登用空中缆车连接起来。1997年之后的五年间，这个购物中心的建设费用从最初预计的1.3亿美元上升到3.29亿美元。2002年，随着经济下滑，“西蒙·德巴尔托洛公司”宣布它正在撤出这个项目。然而，随着空中缆车项目的建设，费城市政府感觉到它处在尴尬的境地，于是，拼凑了新的开发意向书。但在接到四个不能令人信服的开发意向书之后，这个项目被搁置了起来。剩下的不过是停建的空中缆车的桥塔。

把“佩恩登陆点”看成一次开发上的失败不正确，因为那个地区已经有许多新的建筑投入使用：在两个废弃码头上建设的低层住宅，一家酒店，一个海洋博物馆，一个溜冰场，一个景观化了的广场——常常举办音乐会、放焰火和进行公共节日庆典等。然而，过去一些年来，在规划、公众听证会、基础设施改造和公共机构上所花去的数百万美元却没有产生任何成果。

“佩恩登陆点”的故事告诉我们，大型城市场地的整体开发本身就存在着内在困难。如“洛克菲勒中心”这类成功的巨大项目十分罕见，通常是特定情形下的产物（如经济萧条减少了建设成本，搭上了一个买卖兴隆的商户）。像“佩恩登陆点”这样大型的、孤立的场地所面临的挑战是，它需要一个相当的规模，而且正是由于这样的规模，这类场地的开发需要时间，而在此期间，整个开发会受到市场周期的影响。规划一次又一次掉进需求衰退的现实中，创造一个重大建筑标志的需要妨碍了城市从比较现实的方向折返这个项目，而这个创造重大建筑标志的需要源于培根最初的总体规划。

“佩恩登陆点”还显示了城市公共空间和私人空间相结合的棘手问题。这个项目起始于一个私人的商业开发，最后却呈现出一个公共开发项目的面孔。人们对这个场地特征究竟是什么模棱两可。这个项目是一个公共设施，但它有资格获得公共资金的支持吗？或者，这个项目不过是商业开发项目，但它应该依赖于私人的投资吗？如果真是私人开发项目，如购物中心的开发，为什么还要求公共资金的补贴呢？假使说这个项目必须既是公共的也是私人的，这种说法也不过是从功能上和政治上使二者的区别模糊起来罢了。不像“布鲁克林大桥公园”，“佩恩登陆点”从来就没有一个如何利用私人开发来增加公众受益的清晰战略。

汇集许多小项目的大项目，可能是成功开展大型城市开发项目的途径。类似“佩恩登陆点”，下曼哈顿哈德森河上的“炮台公园城”，也是建在用土填埋而成的场地上（建设世界贸易中心大楼时所挖出来的土方）。“炮台公园城管理局”负责规划和协调这个 92 英亩用地规模的项目，该管理局是纽约州在 1968 年建立的一家公共公司，在时间维度上，与“佩恩登陆点公司”恰好同时。如同费城的情形，“炮台公园城”的最初设计也是建立在超大地块上的巨型建筑物，因而与“佩恩登陆点”的命运相同。但在 1979 年，这个项目做出了不同的转向，当时，“炮台公园城管理局”邀请亚历山大·库珀和斯坦顿·埃克斯图特（Stanton Eckstut）编制规划，要求这个规划能够由不同的开发商在不同阶段具体实施。库珀和埃克斯图特把不均衡的下曼哈顿街道网格转变成一个场地，把它分割为小的地块，便于用来建设中层或高层公寓大楼。①

如同“雷斯顿城市中心”项目，“炮台公园城”也被设计成零碎成长，一个建筑一个建筑地开发，一个项目一个项目地投资，分别由不同的开发商来开发，对变化的市场需求及时做出反应，

① “西边公路”把下曼哈顿与“炮台公园城”分割开来。1985 年，把这个高架公路改建为地下公路的计划被搁置了起来，虽然拆除了这个高架公路，八车道的“西街”对于步行者而言还是一道可怕的障碍。

当然，所有项目都遵循总体规划的建筑指南。当时，这种开发方式是成功的，只有“世界金融中心”是一个例外，它所有的建筑由一个建筑师西萨佩里（Cesar Pelli）设计，由一个开发商来开发，建筑形体各式各样，避免了形体上的整齐划一。因为整齐划一的建筑形体曾经困扰过早期的城市更新项目。

“炮台公园城”包括了许多商店、若干所公立学校、餐馆、酒店、博物馆、多屏幕电影院和游艇停泊地。这项开发最终容纳了六万居民和办公人员，证明了公共机构与私人开发商是可以成功地一道工作的。[1]这个混合使用规划还显示，重回比较传统的城市社会物质需求不仅是可行的，在投资上是可靠的，而且也是受欢迎的。“炮台公园城”的滨水区位是它受欢迎的重要原因。沿着哈德逊河边一英里长的步行道吸引了来自其他地方的游客，提供了必要的场所感，这条步行道在曼哈顿是第一次出现。

增加城市密度的最重要的例子之一，是丹佛旧机场一个4700英亩的开发场地，斯台普顿距离丹佛市中心仅有15分钟的车程。这个项目始于2001年，由克里夫兰一家名为“森林城市”的开发公司开发承揽，这家公司的特长是大型城市开发项目。规划后的斯台普顿将容纳三万居民，提供35万个新工作岗位。房地产开发以独立住宅为主，当然，还包括公寓和集体公寓，人口密度大体为每英亩20人，比典型的每英亩10人的郊区人口密度要高。由于周边有现成的城市街区，与一般的郊区场地相比，斯台普顿已经能够支撑比较高强度的零售、商业和就业了。

比斯台普顿的规模稍微小一点（可人口密度更高一些）的

图 9-1　纽约“炮台公园城”具有吸引力的滨水步行道

是，亚特兰大市中心的“大西洋车站”，这个场地的规模为 138 英亩，曾经是一家钢铁厂。开发商詹姆斯·F. 雅各比（James F. Jacoby）的项目开始于 1998 年，根据规划设想，项目将包括 5000 个居住单元（既有高层公寓，也有独立住宅）、600 万平方英尺的办公空间、200 万平方英尺的零售空间，有 1000 个酒店房间，以及一个混合使用的城镇中心，整个就业岗位为三万人。[2] 这个商业区主要由四至五层高的公寓和首层为商铺的办公建筑组成，有街道和人行道，因此呈现出这样的特征：商业区是紧凑的、可以步行的。这些建筑新鲜的现代设计，以及延伸到人行道上的餐馆和咖啡店，让我想起了荷兰或德国的新购物区。

由开发商杰拉尔德·海因斯（Gerald Hines）在华盛顿特区

图 9-2　在丹佛的斯台普顿，传统的街道活动给新的街区中心赋予了生机

市中心所规划的混合使用开发项目，同样是现代的。实际上，旧的城市更新规划过程将发生改变。这个项目从一个超级地块开始，地块是在 20 世纪 70 年代创造的，当时要用于建设一个会展中心，现在这个中心已经被拆除了。“规划师+合伙人”福斯特已经恢复原先的老街道，把这个超级地块分割为六个小地块，创造了内部的步行商业街，实际上，那里原本就有这样一条商业街。这个综合体与周边的建筑很协调，包括了办公建筑、集体宿舍和公寓楼群，所有建筑的首层均为商店。这是一种市中心的典型结构，不同的是，这个综合体有一个巨大的地下车库。

丹佛、亚特兰大和华盛顿特区都是一直经历着强劲人口增长的都市区，但是并非所有的城市都有足够活跃的房地产市场来吸引大规模投资(斯台普顿的投资超过50亿美元),并非所有的城市都有供市区项目使用的足够的空闲土地。这并不意味着密度增加是天方夜谭,只是规模和速度小一些而已。在比较老的城市,增加密度常常意味着把废弃的工业和商业建筑转变为居住使用。这个过程一般从那些愿意承担风险的小开发商、企业家和个人开始。最终,新居民吸引了小规模的零售商,反过来,这些零售业的发展又吸引了更多的居民——也许是那些年轻的职业人士和空巢老人。增长的需求鼓励较大的、资金充足的开发商来承担比较大的项目,于是更多的零售和娱乐企业进入项目开发地区。在大部分情况下,是市场而不是政府,首先决定增加街区密度。当然,政府的作用相当重要,尤其是在开发项目的早期阶段,推动规划许可并从开发比较小的规模开始;削减税收、给历史保护活动提供信贷都能刺激虚弱的市场。开发的后期阶段,景观和基础设施改造、公园建设都会吸引居民。当不可能以公用设施建设作为启动力量时,建设新的公共建筑,如图书馆和学校,对较后期的开发具有重要的推进作用。

华盛顿特区的"水场",是一个把居住、商业、购物和娱乐与历史建筑结合起来的大型滨水开发项目,这个项目显示了城市官员、开发商、规划师和建筑师,在成功地填充开发、改造开发、增加城市地区密度等方面所获得的经验。"水场"在"国会山"脚下,接近华盛顿特区的东南区,曾经属"华盛顿海军水场"所有。这个历史性的海军舰船制造厂和一家工厂监狱在1898年时占地127英亩,位于阿纳卡斯蒂亚河畔。1962年,这个海军舰船制造厂搬到其他地方,有一半的"水场"停止使用,土地和建筑转给了“服务总局”(GSA),它负责管理联邦政府的建筑和房地产。“服务总局”计划把这个场地建设成联邦办公建筑区,却因为缺少资金也缺少感兴趣的联邦机构,所以仅仅建设了交通部的总部机关。2000年,国会赋予“服务总局”一项特权,出售或出租剩下的42英亩土地,或与私人开发公司联合开发这个场地。在一项不同寻常的决策下,“服务总局”选择了最后一个方案,与“森林城市华盛顿公司”签订了17年的开发协议,打算建设一个价值17亿美元的混合使用滨水项目,规划有18000人在那里居住和工作。

图9-3　在华盛顿特区水场地区,新的开发修缮了旧的建筑,增加了新建筑,建设了滨水公园

“水场”的第一阶段将于2010年完成,而整个开发还将进行10年。由“罗伯特·A.M.斯特恩建筑事务所”“沙洛姆·巴然

纳斯建筑事务所”和“SMWM”共同设计的总体规划，重新引入了原先的街道和胡同，其中有些已经被海军关闭，把昂方对角线之一的“新泽西大道”延伸到这个场地，终止于一个绿树成荫的广场上。“雷斯顿城市中心”和“炮台公园城”的经验再次得到彰显：用街道把场地分割成相对小的地块，允许开发商邀请不同的建筑师来建设30个不同的建筑。1915年美术风格的城市泵站和若干历史性的海军水场建筑，进一步提供了建筑的多样性：建于1919年的锅炉制造厂将改造成购物和餐饮场所，三个工业地块将转换为居住用地。按照华盛顿特区高度限制的规定，“水场”场地中的新建筑大体为10层楼高，许多建筑的首层用于商店。新建筑的风格可以描述为“工业时尚”：大量使用玻璃、暴露的水泥和砖块。河流旁有一个六英亩的公园，由著名的景观建筑师保罗·弗里德伯格(Paul Friedberg)设计，公园里有不少地方适合进行多种活动：水边，有一个宽阔的步行道和船舶码头；大型草坪，可以举行公共活动；富有情趣的花园、瀑布和喷水池，以及接近历史建筑的空地，可以举办节日市场活动。20世纪70年代时兴的步行购物中心观念没有再现。这个公园背后的“水街”能够在社区举行活动时封闭起来，成为一条市场街，出售各式商品和农产品。

“水场”项目展示了过去30年以来所取得的经验。第一个经验是，忽视几个世纪以来的城市历史是一个错误。经过实践检验的老的规划解决方案常常是最好的：沿街铺设人行道，种植行道树，建设独立的建筑，不同使用功能进行混合(如商铺上的公寓、办公建筑紧靠公寓)。

第二个经验是，现当代技术——无论是汽车还是互联网——都能成为强大的变化推动力，但新技术并不自动地要求重新改造城市。在大部分情况下，简单地在过去留下的许多层面上再增加一层最好。城市干预最成功的例子，如“巧克力工厂”和波士顿的“昆西市场”的规划，都是一种调整，而不是大变——对旧工业建筑用途的转变和对过了时的滨水地区的重建。在可能的情况下，保护历史、重新强调过去十分重要。调整和保护的深层优越性是，它们帮助创造了一个丰富且独特的场所感。

第三个经验是，城市设施，如街道和公园最好得到高强度使用，这是源于简·雅各布斯的一条经验，实现这一点的关键之一是城市的实际密度。[①]“水场”的居住人口将是 9000 人，人口密度达到每英亩 200 人；而纽约市的“炮台公园城”的人口密度为每英亩 300 人(那里的公寓高达 40 层)，当然，“水场”的人口密度远远高于下曼哈顿地区的大部分城市街区。如同“炮台公园城”，“水场”也有大量的办公室职员。同样重要的是，“水场”并非一个孤立项目，而是一个与城市周围地区协调到一起的项目。它地处“国家公园”、新建成的可容纳 41000 个观众的棒球场和正在使用中的海军设施之间，与阿纳卡斯蒂亚河边小道相连，这条小道是一个重要的区域设施。这种实用性结合的方法有违传统规划分区原则，但它无疑使“水场”成为一个生机勃勃的街区。像“炮台公园城”一样，“水场”并不是一个旅游点，华盛顿人却被

① 相反，设计再好的公用设施，如果没有足够的使用者，也是失败的。

那里的滨水公园和相邻的餐馆所吸引（华盛顿特区的城铁站就在附近）。

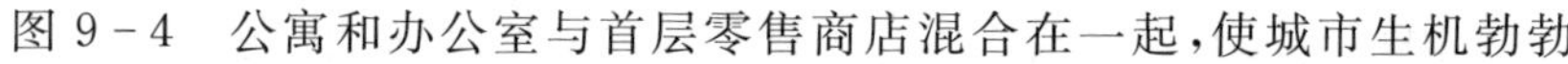
图 9－4　公寓和办公室与首层零售商店混合在一起，使城市生机勃勃

“水场”融为这个城市组成部分的一个重要途径是它靠近价格适中的住宅。在 20 世纪四五十年代，“华盛顿海军水场”街的对面建设了一个包括 700 个住宅单元的房地产项目，称之为“阿瑟·卡珀和卡洛尔堡居住区”。如同许多住宅项目一样，这个居住区也遭受了严重衰退的侵扰。“哥伦比亚住宅局”“森林城市华盛顿公司”和社会住宅专业开发商“城市大西洋”一道，拆除了这个 35 英亩场地上被抛弃的住宅，建起了密度比较高的连体住宅和公寓大楼，以及一个社区中心、三个办公建筑和商店。这些住宅建在绿树成荫的街道旁；低层公寓建筑面朝公园。“阿瑟·

卡珀和卡洛尔堡”是联邦政府第六个“每个人的住宅机会”项目，这是1992年开始的一个联邦城市住宅资助项目。按照住宅与城市建设部的解释，该项目的目标是，“通过重新创造和支持可持续发展的社区，消除居民的依赖性和持续性贫困，结束严重窘迫的公共住宅环境的、社会的和经济的孤独状态”。[3] 不像传统的公共住宅项目，第六个“每个人的住宅机会”项目属于公私合作开发，市场住宅和社会住宅混合在一起。

人们对第六个“每个人的住宅机会”的一些开发项目进行了批判，认为它用市场住宅取代了社会住宅，但是，重新建设的“阿瑟·卡珀和卡洛尔堡”用租赁的公共住宅（包括老人居住的住宅）和“劳动力”住宅，替代了原先的住宅单元，让工薪阶层可以承受租赁费用（只限于这样的家庭使用，他们的家庭收入仅为这个地区中等收入的一定百分比）。另外，这个开发新增了900个公寓和连排住宅单元，按照市场价格租赁或出售。为了消除公共住宅的公共机构管理制度，所有的居住单元——社会的、劳动力的和市场的价格，均由私人部门制定和管理，而不再由市政府的主管部门来制定和管理。为了进一步消除与“公共住宅项目”相联系的传统骂名，社会的和市场的居住单元价格没有区别。① 把社会的和市场的住宅价格结合起来，允许“阿瑟·卡珀和卡洛尔堡”住宅管理部门利用3500万美元联邦奖励资金拉动，二亿美元的新的公共住宅建设，以及五亿美元的私人开发。在同一

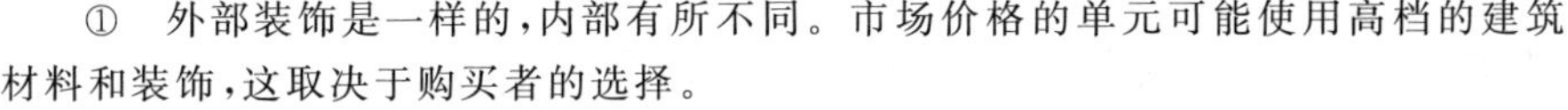

① 外部装饰是一样的，内部有所不同。市场价格的单元可能使用高档的建筑材料和装饰，这取决于购买者的选择。

个场地上，建设商业和零售业用途的建筑以及住宅，能够得到财政上的交叉补贴。

“阿瑟·卡珀和卡洛尔堡”的经验意味着对早期公共住宅政策的批判。再没有超级地块，再没有高层公寓建筑（大部分社会住宅采用连排或低层无电梯住宅），再没有贫困集中的孤岛。如同第六个“每个人的住宅机会”的许多开发项目一样，在“阿瑟·卡珀和卡洛尔堡”项目中，社会的和市场的居住单元价格相互交叉在一起。这种方式承认，城市环境、建筑和街区的设计必须满足市场的检验。人们的需要和愿望，包括贫穷人口的需要和愿望，都必须加以考虑。

“水场”项目的最后一个经验是，政府在支持城市化上的作用依然重要。作为客户的“服务总局”保证了对历史性建筑的适当保护和翻修，要求提供设计精良的公共空间，审查了建筑指南，监督了公共设施的设计和维护。第六个“每个人的住宅机会”项目类似于一种公共利益和私人利益的合作。这种合作是互补的：开发商明确地认识到人们期待什么，但是，开发商一般只关注自己的项目，而对这些项目如何适应和影响周边的城市建筑环境兴趣不大。作为政府一方，也并没有强调它在城市规划方面的主导地位，而将关注更多放在什么是“对人们真正有利的”（并非“人们不现实地期待的”）原则。受根深蒂固的官僚体制的拖累，政府还不能很好地反映不断变化的消费需求。当然，市政府有资源和责任去应对城市范围的问题，如基础设施建设、交通和社区所关注的问题。大规模城市项目当然需要规划，成功的规划要求公众的参与和私人企业家的才智。

第十章
我们所期待的那种城市

费城市长爱德华·G.伦德尔(Edward G. Rendell)在“沃顿房地产中心”的一次年度会议上曾经说,“我们不可能有一个没有城市的社会”。这段话是在1996年讲的,当时,这位市长重新通过选举获得了他的第二个市长任期。据称伦德尔从不拒绝任何一次演讲邀请,无论是应邀在社会集会上演讲,还是应邀到街区野餐会上演讲,他尤其不会放弃向开发商、投资者和房地产行家宣传他所提供的城市机会。伦德尔谈论他如何削减开支、改革市政府的体制,谈论费城。他懊丧地承认,就纯经济而言,费城一直都不敌它周边的郊区,当然,他提请大家注意费城在房地产业方面的优势。伦德尔的请求是,“我们需要你的帮助”。他投出的诱饵是,“我们可以一起做事”。他发出的威胁是“我们不能不关注城市贫困人口”。伦德尔声音虽然沙哑,却是一个能言善辩的演说家。但是,他习惯用一种似乎就要辞职的语调结束他的演讲,“我们不能让自己的城市衰退。最重要的是,我们不可能有一个没有城市的社会”。[1]

伦德尔说的当然是对的。唯一没有城市的社会是田园的或游牧的社会,苏族印第安人和卡拉哈里丛林中的人。城镇和城

市一直都在人类文明的发展中发挥着核心作用。没有城市，文艺复兴和工业革命这类划时代的事件就不可能发生，当大量的人口聚集到一起，观念的发展最好、最快。即使到了今天网络社会的时代，这一点依然是颠扑不破的真理。

美国的历史一直都与城市紧密联系在一起。当然，大西洋岸边的第一个英国定居点——“詹姆斯敦”——规模很小，十分初级，正如约翰·雷普斯(John Reps)所说，以后的社区依然很小，有别于城市性的社区。[2] 纽黑文、威廉斯堡和萨凡纳则不是村庄，它们从一开始就是城镇，尽管也很小。这个“新大陆”城镇不同寻常的一点是它们的壮志；殖民地费城的规模与当时的伦敦一样大，那时，伦敦是欧洲最大的城市。昂方所规划的华盛顿特区同样是巨大的。1811 年，纽约市议会编制的纽约市未来扩展规划布置了一个方格式道路体系，整个长度达到 7 英里。有关费城、华盛顿特区和纽约的三个规划花了整整一个世纪来实现，当然，增长的期望从一开始就存在了。许多年以后，洛杉矶发展成一个大城市，它也呈现出扩展的态势。洛杉矶不是以方格式的方式扩展，而是跟随“太平洋有轨电车”，沿着蜿蜒曲折的海岸线蔓延开来。有轨电车以及此后公路的问世，产生了一种过去不可能想象的城市社会物质需求。

美国城市继续令人瞩目。在 20 世纪降临时，纽约、芝加哥、费城、圣路易斯和波士顿是美国最大的五个城市。100 年以后，费城、圣路易斯和波士顿不再是五个最大城市，费城人口少于菲尼克斯而出局(1900 年，菲尼克斯仅有 500 人)；甚至在美国最大的 50 个城市排名中，也没有圣路易斯现身；尽管波士顿鼓噪它正在复兴，但已跌入美国最大城市排序的第 23 位。洛杉矶则从美国最大城市排序的第 28 位上升至第 2 位，休斯敦现在是美国第四大城市，而在 1900 年时，它比印第安纳州的韦恩堡还小。费城、圣路易斯和波士顿这类老城市的人口衰退，加上无休止的郊区增长，可能表明美国人不再希望生活在城市，我们正在变成一个《郊区的国家》，这是最近一本书的书名。[3] 按照 2008 年“皮尤研究中心”所做的民意调查，美国是一个幸福的郊区国家。“皮尤”询问美国人，他们是否喜欢自己居住的地方？结果发现，郊区居民的满意水平(54%)大大高于城市居民的(44%)。[4] 然而，当越来越多的美国人乐于生活在郊区时，也有越来越多的人乐于生活在城市。1900 年，通常被认为是美国城市的鼎盛时期，那时，仅有 38 个城市的人口超出 10 万，这些城市的人口累计不过占美国总人口的 14%。2006 年，至少有 258 个城市的人口超出 10 万，这些城市的人口累计占美国总人口的 27%。这种增长不仅仅是美国正在变得越来越大的问题。过去 25 年里，生活在 10 万人口以上城市的人口比例的增长是同期美国人口增长的两倍。[5]

问题不在于我们是否期待生活在城市，显而易见，我们中间越来越多的人期待在城市生活，否则我们不会建设如此之多的城市。真正的问题是，我们期待生活在什么样的城市。紧凑的城市，还是蔓延的城市？老城市还是新城市？大城市还是小城市？究竟什么确切地构成了一个“城市”的模糊的传统定义，以致它让我们对这个问题的回答复杂化了？并非很久以前，通过生活质量，我们还很容易区分大城市、小城镇和乡村地区；存在时髦或世故的城里人和乡巴佬，以及那些陈旧观念所传递的某些差异。现在，郊区和远郊区的性质使我们很难确切地定义，哪里是城市结束和乡村开始的地方。例如，宾夕法尼亚州的下哈德逊峡谷和巴克斯县大部分是曼哈顿的延伸。与此类似，康涅狄格的格林尼治看上去像个小镇，而其实，它真真切切地是曼哈顿的延伸。“大都市区”的人口统计学概念正是用来反映这个新的现实，都市区把一个城市，甚至若干城市，划进一个城市组中，当然，“大都市区”仅仅反映了一部分城市现实①。

40 年前，欧文·克里斯托尔(Irving Kristol)指出，就人们的生活质量而言，住在哪里并不是一个问题。他写道，“就当今美国生活的基本事实而言，居住在一个中心城市，还是郊区，或一个小城镇，甚至乡村地区——我们大体还有 1/3 的人口生活在乡村地区——*都是生活在一种城市文明中*(作者强调的)”。[6] 在

① 按照美国人的标准，只要一个区域的聚居人口达到 2500 人以上，而且那里的大部分劳动力从事非农业生产，那个地方即称作城市。在美国统计中的“城市地区”包括两类：“城市化地区”(urbanized area)，人口为 50000 以上，这个指标从 1950 年沿用至今；“城市组团”(urban clusters)，50000 人以下，这个指标从 2000 年开始使用。这样，美国“城市化地区”和“城市组团”共有 1371 个。美国国家统计局对“城市地区”的定义是：每平方公里人口密度达到 386 人的一个区域，它的周边地区的人口密度为每平方公里 193 人。这个周边地区即是美国认定的“郊区”。在美国，城市和镇的划分因州而异。2004 年，美国最大的镇是纽约州的亨普斯特德，有 75 万人，而 2000 年比较小的市是明尼苏达州的沙法尔，只有 343 人，最小的城市是北达科他的梅扎，仅有 5 人，尽管没有政府，却有城市的法律地位。一些州甚至不分城市和镇，叫什么都可以。当然，它们在行政管理权上有分别，城市有民选的议会，而镇只有经理和管理委员会。对所有新英格兰地区的州来讲，城市根本与人口无关，它只是一个地方政府而已。在弗吉尼亚，如果一个地方政府辖区不依赖它周边的县，那么这些地方政府一起构成一个“市”；如果一个区域内的地方政府依赖于它周边的县，那么它就是“镇”。——译者注

克里斯托尔看来，“城市不是新东西；城市问题也不是新问题；但是，城市文明的确是非常新的，城市文明的问题在人类历史上是史无前例的”。[7] 这样，我们的问题就是，城市文明期待什么样的城市？

从20世纪下半叶美国城市生活方式的发展方向上看，市场所得出的一个答案是明确的：美国人期待生活在一个蔓延开来的城市。交通技术和通信技术的进步，首先是铁路和有轨电车，然后是汽车和飞机，最后是电话、电视和互联网，一直都在促进着分散化和蔓延的发生，是私人房地产、私密性和独立家庭住宅需求的结果。另外，区域购物中心、“联邦快递”“联合包裹服务”“家庭购物网络”都促进了蔓延的过程。甚至环境技术，如小型污水处理设施和微型电站，都使人们生活在比过去还要分散得多的社区里。

这不单单是郊区化。所有经历了20世纪下半叶人口巨大增长的城市，休斯敦、菲尼克斯、达拉斯、圣何塞、亚特兰大，都通过蔓延的方式而增长。这些城市都是水平方向延伸的城市，一般是低密度的，每英亩一般不足10人，而比较老的、垂直的城市，人口密度在每英亩15—20人。水平的城市依赖于小汽车作为大众运输工具，使用卡车运输商品。在水平的城市，城市和郊区之间没有差别。人们基本上居住在独立住宅里，而不是公寓大楼里，独立住宅以蔓延的、半自主管理的规划社区方式来组织，它们不同于历史上的城市街区。我们能够看到蔓延的大城市，如洛杉矶；也能看到蔓延的小城市，如拉斯维加斯；我们还能看到围绕所有新旧城市蔓延开来的都市区。

1995年,联邦政府“技术评估办公室”一份题为“美国都市技术改造”的报告得出这样的结论,“如果技术和经济倾心于分散化,那么美国的中心城市和内城地区不可能重新获得它们原先所具有的主导地位”。[8] 分散化适合于一种依赖弹性、适应性和迅速变化的经济。蔓延也适合于一种日益异质化的社会,这种社会完全与全球村所意味的社会相反,“全球村”是一种误导的术语。虽然美国人生活在一种城市文明中,但现在的美国人并不是更相像了;实际上,他们更不相似了,城市蔓延容纳了这些差异。

水平的城市还有另外一个特征,它们一般是新的。在工业时代,先进的基础设施、良好的港口、大规模的劳动大军,使得已经建成的城市独占鳌头。然而,在后工业时代,已经建成的城市不一定就是一种优势;新的社区需要安装光纤电缆,建设可以步行的市中心,让食品超级链“天然食品”和百货超级链“靶子”处于竞争状态,而不是垄断状态。每当我从西雅图或丹佛回到费城的家,城市对比,让我感触颇深。与那些超凡脱俗的城市新秀相比,费城不仅积累了近一个世纪的工业污垢,而且其基础设施、石头的高架桥、狭窄的收费道路以及上下班的铁路线,都是过去的遗迹。新的东西到了费城,似乎总是稍微有些变化,新桃挂到了不适合它的旧符上。历史是这座城市魅力的一部分,正是费城的过去让我留了下来,但是,这个过去以低效率、缺乏便利和无穷无尽的维护为代价。老城市就像一辆旧车:它还能使用,能把我们带到要去的地方,可它没有新车安全、方便、有效率。

从平地开始,建设城市基础设施会有许多好处。例如,“拉斯维加斯-克拉克县图书馆区”共有150万人，仅有12个分馆，工作效率就很高。这个图书馆区能把所有的资源用到设备精良的分馆上，因为它不需要承受市中心大型图书馆的负担，而老城市总是要承受市中心大型图书馆的负担。“拉斯维加斯-克拉克县图书馆区”获“图书馆杂志”2003年度奖，因为“拉斯维加斯-克拉克县图书馆区”不是一个城市部门，而是一个独立的机构，有它自己的工资支出、资金管理，甚至还有自己的税收主管权，所以，它是有效率的。这个财政自主权很重要，正如最近费城出现的问题，市政府面临财政危机，面临出现一个“末日预算”的可能，将会辞退3000名名市政就业人员，关闭所有的图书馆。

新的城市还有其他一些优势。新城市一般都有许多简化了的新的建筑法规、新的管理和劳动力之间的社会合同及新的管理方式。例如，休斯敦就没有分区规划，只有比较少的限制性建筑法规、比较低的建设成本，按照2006年的人口普查，这就意味着，一般业主的住宅平均建设成本仅为12.6万美元，而纽约市相同住宅的平均建设成本为49.6万美元。[9] 由于大休斯敦的收入不过稍微低于纽约，因此，按照哈佛大学经济学家爱德华·L.格莱泽（Edward L. Glaeser）的看法，对于中产阶级来讲，休斯敦的生活还是能够承受得起的，因而具有较大吸引力。在2000—2007年，休斯敦的人口增加了19.7%，而纽约同期人口增长仅为2.7%。[10]大量中产阶级劳动力的存在也解释了，为什么休斯敦比纽约具有更多的蓝领制造业工作岗位。

我们期待什么样的城市的另一个答案似乎是“比较温暖”的城市。2008年，一项对都市区进行的全国性调查发现，人们青睐的城市，诸如丹佛、圣迭戈、西雅图、奥尔良和坦帕，都有“比较温暖的气候、比较随意的生活方式、正在迅速发展”[11]这些特征。实际上，这个排序的前十位城市都处在温带气候带上，七个城市在西部地区，三个在南部地区。如果城市靠近有吸引力的自然环境，如湖泊、山脉、海滩或沙漠，也是有好处的。如果人们普遍对室外活动感兴趣，附近的自然环境会成为重要的城市资产。正如大卫·布鲁克斯(David Brooks)所说：“这些(受人青睐的城市)都是我们能够想象塞满东西的库房，那里有滑雪板、皮艇、足球设备、登山鞋、船用设备等。这些都是我们能够想象得到的室外活动生活方式。”[12]工业城市不需要美丽的环境，后工业城市则需要美丽的环境。

尽管我们并未实际鼓励城市蔓延，但事实上，过去50年的每一种技术革新都在推进城市蔓延。新技术的长期影响常常是不可预测的。表面上看来，电话是一种分散化的设备，电话通信使得在高层建筑办公现实可行，而在高层建筑办公又产生了集中的中心商务区。当人们使用小汽车作为上下班的交通工具时，一个始料未及的事情是，晚报寿终正寝了，人们曾经习惯于在有轨车上读着晚报回家。人们不能在小汽车上阅读，但是，他们能够听广播，这个奄奄一息的媒体找到了新的生命。谁能预计到，汽车收音机和手机的结合能够产生“广播谈话”这样一种新的节目形式。这种形式果真把持了一种新的、强有力的政治力量，手提电脑、个人数字助手以及手机，暗示了巨大蔓延的冰山一角；然而，将工作移至汽车旅馆的房间里，以及家庭办公室里，已经产生了一种矛盾的倾向：满足不了面对面交流的需要。

这就是为什么出现了前所未有的大量会议和会展场所。这也是为什么如此之多的产业——金融、出版、娱乐、高技术和通信，在地理上聚集到了一起。

这样一来，即使城市蔓延表现出当今的一种秩序，城市集中也正在返回之中。有时，城市集中采取了新的形式：权力中心、办公园区、主题公园、偏远地带的像村庄一样的规划社区。城市集中的结果是比较熟悉的：市中心的娱乐区、历史街区、滨水步行道和城市公园。所有这些聚会场所明显反映了相互交往、人群、多样性和日益扩大的个人选择这些人类历史悠久的愿望。这种愿望刺激了许多小城市萌发出新的生命，尤其是那些有着研究设施的大学城，那里有办公园区、大学医院和文化设施，已经繁荣起来，正处在迅速增长之列，日益成为工作和生活最有吸引力的地方。[13]繁荣的部分原因是技术。有线电视、区域航班、目录购物和互联网把大城市的便利带到了小城市。但是，当大学城成为有吸引力的、繁荣的生活场所时，并非意味着那里一切都是如愿以偿的，其实这种结果是高等教育、信息时代的产业与个人选择较小的、更为亲密的社区的一种可能的协同效应。①

大学城成为一个生活和工作的地方，是更大发展倾向的一个部分。早在20世纪70年代初期，克里斯托尔就已经发现了这种倾向。他写道，"如果说我们是一个'城市的国家'，那么我们也正在变成一个小城市和中等城市的国家"。[14]当时的确是这

① 规模是个关键因素。正如简·雅各布斯所说，大型大学是自足的单一功能的实体。

图 10-1　作为城市环境的自然地区：华盛顿州的威纳奇山和威纳奇

样，现在更是这样，我们也正在变成一个小城市和中等城市的国家。1970 年，生活在小城市（2.5 万—25 万人）中的美国人口略多于生活在大城市（超过万人）的，而在此之前 10 年，即 20 世纪 60 年代，情况正相反，生活在大城市中的美国人口略多于生活在小城市的，那时大城市居于人口的主导地位。到了 2006 年，整个城市人口已经增加，但大城市和小城市人口数量的差距拉大，居住在小城市的美国城市人口超过 50%。实际上，自 1970 年以来，生活在大城市的美国城市人口比例一直在稳定衰减，而生活在小城市里的人口百分比一直都在增长，这一现象表明，美国人所不期待的是在大都市生活。[15] 2008 年的“皮尤民意测验”确认了这一点，这项民意测验发现，“大多数被测验者不认为美国 30 个（最大的）都市中的任何一个是他们乐于生活的地方”。[16]

图 10-2　新墨西哥州的圣达菲是具有吸引力的小城市

对于许多美国人来讲，“我们期待什么样的城市”这一问题的答案，似乎不单单是分散开来的城市，还有新的城市、温暖的城市、比较小的城市。在一些情况下，甚至是很小的城市。2007年，美国房地产升值最快的地方不是旧金山、波士顿和纽约市，而是俄勒冈州的科瓦利斯（人口 53000 人）、科罗拉多州的格兰德姜欣（46000 人）、华盛顿州的威纳奇（28000 人）。[17]这些小城市都是乔尔·加罗（Joel Garreau）所说的“圣达菲效应”的例子。“圣达菲效应”是指新墨西哥州的圣达菲市，尽管它仅有 62000 人，却有各式各样的大城市资源，包括许多餐馆和商店、一家歌剧团、一个室内音乐厅以及一个名声显赫的电影节。威纳奇坐落在西雅图以东 100 英里的喀斯喀特山脉脚下，像威纳奇这类城市周边一般拥有迷人的自然景观（沙漠、湖泊、山峦、河流）、温和的气候，一定程度上掩盖了它们小规模和边远属性的城市特征。乔尔·加罗写道，“圣达菲假说的核心前提是，现在，成千上万的美国人可以做出同样种类的选择。这种非常不同的聚居地模式的前景吸引了富裕的人们，这种新的聚居地模式表现为一种新型的聚集，蔓延的聚集”。[18]

在最近一次全球城市国际排序中，纽约获得了卓越超群的位置。在商务、人力资源和信息交换等分类排名中，洛杉矶、芝加哥和华盛顿特区均名列前茅。[19]所有这些全球城市均是大城市，尽管美国公众青睐小城市和中等城市，但是，大城市依然还有它们自己特有的功能。例如，它们是企业孵化器，初创企业继续推进在纽约、洛杉矶和休斯敦的经济发展。大城市不仅高度集中了人群，它们还集中了知识、技能和信息。这就是为什么许多大城市的最大用工者是大学、医院和医学研究机构。正如格莱泽所说，“对于运送配件来讲，空间上的远近可能不再那么重要了，然而，空间上的远近对于观念交流却是至关重要的”。[20]

人们因为各式各样的特殊原因来到大城市。有些原因可能从来都是一样的，有些则不同。和过去一样，人们来到大城市工作，不再是来做服装或建造机车，他们来大城市从事脑力劳动。具有受过良好教育的劳动力的大城市（西雅图、波士顿、旧金山）继续成为从事金融工作和通讯工作，以及创意产业的最佳场所。人们也到大城市游玩，在赌场消磨时间，参观博物馆，到IMAX剧场看电影，与朋友相聚，简而言之，成为人群中的一员。无论人们到大城市是工作还是玩耍，他们都期待安全和便利，期待城市有良好的社会治安、交通和卫生。他们还期待雅各布斯印象中的繁华的市中心。

开发商已经认识到，城市生机不仅仅是商业和零售活动的产物，也是居民活动的产物。这就解释了市中心功能混合开发为什么成功的原因，如“炮台公园城”，功能混合的开发反映了一种比较新的现象：人们期待在市中心居住。这种愿望比媒体的解释要复杂一些，媒体通常大张旗鼓地宣称“这个或那个市中心的复兴”。最近对 44 个市中心的一项研究发现，不同市中心的居住人口差异相当大。[21]有些市中心居住了很多人；有些则没住多少；有些市中心建筑密度很高，有些则建筑布局分散；有些市中心正在增长，而有些则趋近停滞。这项研究的保守结论是，过去 20 年间，许多城市中心居住人口的数目曾经衰退过，有些城市则表现出缓慢上升的趋势。当然，详尽的画面是不均衡的。1970—1990 年是一个经济缓慢增长的时期，大部分市中心地区人口流失，当然，有些城市（辛辛那提、匹兹堡、俄勒冈的波特兰）的市中心居住人口持续增长。在 20 世纪 90 年代的繁荣期，有些城市的市中心（巴尔的摩、密尔沃基、圣路易斯和底特律）没有显示出复苏的迹象，但有些城市的市中心（波士顿、费城、亚特兰大、达拉斯、克里夫兰、菲尼克斯和丹佛）重新找回了它们原先失去的人口，当然不是全部。在 1970—1990 年，休斯敦市中心的人口实际上是增长的，而在 20 世纪 90 年代的繁荣期，它却丧失了一些人口。大部分市中心的人口增长不及郊区的，唯有芝加哥、克里夫兰、洛杉矶、纽约、诺福克、旧金山和西雅图这七个城市的人口增长却是超过它们周边大都市区的。

显而易见，城市中心是不一样的。为了繁荣，城市中心需要

一个关键的人口数量；一定数目的人口支撑超级市场、五金商店、银行、酒吧和餐馆。对一个繁荣的街区来讲，一万居住人口常常被认为是最低人口数量，然而，成功的市中心的人口要比这个数字大许多。足够的人口才有可能吸引周围的城市和区域。五万居住人口可能是实现真正的城市生活方式的最低人口数量。目前，仅有六个城市的市中心达到了关键人口数目：纽约市（有一个“市中心区”和市中心）、波士顿、费城、芝加哥和旧金山。洛杉矶接近这个数字，华盛顿特区也是这样，然而，那些受到吹捧的市中心振兴的案例城市，俄勒冈州的西雅图和波特兰的市中心，却低于五万居住人口。克里夫兰和匹兹堡也是这样。在过去 10 年里，达拉斯的市中心经历了迅速的人口增长，按照目前的人口增长速度，还需要 50 年的时间才能达到四万居住人口。丹佛常常是市中心复苏的另一个范例，然而，丹佛需要几乎 100 年的时间，才会达到五万居住人口的临界人口规模。

除了最少人口临界值之外，成功的市中心还需要密度；如果城市中心采用低密度的模式，人口多了并不好。例如，曼哈顿中城地区人口毛密度超出了每英亩 80 人，这个密度对于美国城市来讲，是很不一般的。旧金山、波士顿和费城的市中心人口毛密度为每英亩 20 人，这个人口密度可能是支撑一个活跃的街头生活和大规模公共交通的最低临界值，活跃的街头生活和大规模公共交通是成功地居住在市中心的基本要求。当然，当市中心人口密度下降到郊区的水平（每英亩不足 10 人），人们的居住就太分散了，或者说，没有足够的人口来支撑良好的城市基础设施。亚特兰大和达拉斯有着相对大的市中心人口，但它们的人口密度依然很低。菲尼克斯和休斯敦的市中心人口规模不大，人口密度很低，为此，它们还有很长的道路要走。

市中心不能蔓延出去。市中心的典型面积为四平方英里；也就是说，从市中心到市中心的边缘，大体有20分钟的步行距离。所以步行是十分重要的，这是较之于郊区的一个竞争优势。然而，市中心的集中也导致了土地价格高涨，较高的土地价格以及劳动力成本，再加上交通拥堵、政府管理和税收，增加了市中心住宅的成本。因此，最繁荣且有吸引力的市中心成了富人聚居地，成为那些经济地位上升的群体和小康的退休群体的聚居地。

在市中心居住与美国人一般选择的到小社区居住，并不矛盾。加罗认为，面对面的场所不一定只出现在小城市，大城市的街区和市中心区，也有这种面对面的场所。如纽约的“切尔西”和“苏荷”、费城的“社会山”、华盛顿特区的“亚当斯·摩根”和“乔治敦”，这些居住区也能看成大城市的小城镇。

一些美国人住进市中心的愿望一定是正确的。2000年，美国44个最大的市中心（从曼哈顿市中心区、芝加哥和费城，到非常小的城市新墨西哥州的阿尔伯克基，以及得克萨斯州的奥斯汀）合计人口不足100万。[22]换句话说，实际居住在市中心的美国人口仅仅是美国总人口的0.3%。市中心的居民也基本上不是典型的美国人。按照最近的研究，居住在美国市中心的人口中，90%是单身、合租公寓的不相干的人，或没有孩子的夫妇。[23]乔尔·科特金(Joel Kotkin)写道，“现在，精英城市常常吸引游客、在高端商务服务领域工作的上层人口，那些有生活在市中心需求的人，即流动的年轻人，他们中的许多人以后会搬到其他地方去。嬗变的城市似乎把它的最大价值放在转瞬即逝的价值上，如优势传递、冷淡、狡猾和时尚性”。[24]

有些人期待赶时髦，有些人压根就不想住在城市，因为不同的人期待着不同的东西，对于“我们期待什么样的城市”这样的问题，没有唯一的答案。当我们大多数人期待选择蔓延开来的小城市时，少数人期待生活在集中的大城市，非常少的一部分人打算偿付生活在城市核心区的价格。我们大部分人期待生机勃勃的市中心，如果不是真的住在那里的话，至少去逛逛。“我们期待什么样的城市”这样的问题也不是简单的个人选择问题；我们在不同的时间期待不同的东西——当我们年轻时，当我们开始自己的事业时，当我们寻找一个同伴时，我们期待住进一个令人激动的大城市；当我们正在发展我们的家庭时，我们期待住到一个紧邻大自然的分散开来的小城市；当我们的孩子长大离开家时，我们期待住到一个文化氛围浓厚的市中心；当我们退休了，我们又期待住在一个气候温暖、可以步行的小城市。如果说人类的社会物质需求正在营造着城市的话，那么我们期待城市可以呈现出多样性，这种城市多样性不会比美国人本身的多样性少多少。

第十一章
我们所需要的那种城市

城市增长并不是完全依靠人的需要推动的，或者说，城市增长并不完全依靠我们所说的人的期待所推动，实际上，城市增长还受到迫不得已的需要的影响。例如，中世纪，欧洲人建造人口密集的有城墙的城镇，是因为它们的居民需要通过城墙而获得公共安全，而不是那些居民期待一种紧凑的生活方式。美国的定居者因为依赖水面交通，而把城镇布置在靠近有安全锚地的地方，而不是因为他们要观水景。19 世纪，工业城市前所未有的增长是因为城市工厂需要大量后备劳动力，城市工厂代替乡村农场，而成为主要就业场所，霍华德对工业城市前所未有的增长十分沮丧。

交通依然是影响城市形式的最重要的外部因素之一。在前工业时代，人们能够从家步行到工作场所的相对短的距离决定了城市的规模和密度；对于那些能够负担得起马匹和马车的富人来讲，这种距离相对长一些。从 19 世纪开始，马拉的公共马车、电车、铁路和地铁的出现使城市向外扩散，鼓励城市外圈的居住郊区增长起来。20 世纪，汽车使上下班的出行距离翻了二至三倍，从而使远郊区的发展繁荣起来。航空旅行让距离相对遥远的城市比较容易接近，从而影响了城市化。

交通占了美国石油消费的 2/3 以上。第二次世界大战结束后的那一段时期，全球平均原油价格为 27 美元一桶（以 2008 年的美元计算）。在经历了 1999 年初的 16 美元一桶的低原油价格之后，2005 年，全球平均原油价格上升为 50 美元一桶；而到了 2008 年夏季，全球平均原油价格上升到 145 美元一桶。全球平均原油价格上涨的主要原因是，中国和印度工业繁荣所引起的需求、对未来供应的不确定性，以及供应方和政府没有能力或不希望增加生产。由于原油是以美元计算的，而 2008 年，美元相较其他货币而言相对疲软，因此，对美国消费者来讲，石油价格进一步上升了。“石油输出国组织”曾经因为 20 世纪 70 年代的阿拉伯—以色列战争和 20 世纪 80 年代的两伊战争实施禁运，从而导致石油价格飙升。2008 年的石油价格飙升时间不长，从那以后，石油价格一直都在下降，但是，2008 年的石油价格飙升立即影响了美国经济，影响了人们的行为，显露出一种征兆——迟早有一天，我们会再次为石油产品支付更多的开支。

首先，较高的能源价格能够让城市获益，特别是那些拥有大规模公共交通的城市，因为随着石油价格的上升，公交汽车和城铁或地铁交通费用的上涨远慢于自驾车运行成本的上涨。例如，2008 年，汽油价格飙升立刻导致大规模公交乘客量上的变化，大规模公交乘客量由占出行总量的 5%，上升至占出行总量的 15%。不只纽约、芝加哥和波士顿这类传统公交导向的城市，对于那些拥有新型快速公交系统的城市，也是如此，如旧金山、丹佛、明尼阿波利斯、西雅图和达拉斯-沃思堡。休斯敦、纳什维尔、盐湖城和北卡罗来纳的夏洛特这些城市的公交车和火车也经历了乘客量的大幅上升。[1]

其次，城市具有若干交通优势。因为城市比较紧凑，所以步行和骑自行车都是可行的，还有人使用代步车和微型汽车。较高的人口密度使得大城市能够在相对不大的地方提供多样性的商店、服务和文化设施，从而进一步减少地方出行距离。最后，城市住宅，尤其是老城市的中心地区，一般规模较小，比较紧凑，有比较紧密的簇团，如连排住宅、没有电梯的公寓楼，导致比郊区独立住宅要低的供暖和空调载荷。

较高的汽油价格也给城市提供了一种机会，可以增加它们的就业份额，因为很长时间以来，规模和密度已成为一种竞争优势。但主要障碍是，大部分城市现在并没有宽泛的就业机会。例如，旧金山区域的高技术工作一般都在郊区；西雅图和波士顿的情况一样。另外，对于大公司的老板来讲，大城市现在还有许多重要的不利因素：步履艰难的学校体制、高税收负担、臃肿的市政官僚机构及不良的服务和反应迟钝的政府。

对于退休群体来讲，工作机会不是问题。市中心多家庭共同居住公寓一是瞄准高收入空巢人群，居住到市中心的更大需求现在来自中等收入群体、老年的郊区住宅业主，他们对于汽油和汽油供暖价格上涨颇为紧张。大部分长期居住在郊区的人们不可能突然转成城市居民时，一些收入固定的郊区居民会把居住到城市看成是规避价格上涨的一种选择。

较高的能源费用也对城市产生了负面影响。过去 20 年，逆上下班出行者的存在拉动了一部分市中心住宅的繁荣，所谓逆上下班出行者是指那些在郊区上班而居住在城市的人们。在所有出行中，逆上下班出行部分增长最快，尤其是大城市，更是这样，当然，郊区到郊区的上下班出行依然构成所有上下班出行的主体。[2] 逆上下班出行者节省开支的最简单途径是，搬到接近工作场所的地方去居住，也就是说，搬回到郊区去（有些证据显示，这种情况曾经在 1981 年发生过，这是最后一次汽油价格飙升的结果）。

汽油价格上升以及其他与能源相关的部门（住宅供暖、食品、服务）的价格调整，可能导致在娱乐和旅游方面的可支配性开支的减少，娱乐和旅游都是大城市的经济支柱。游客人数、博物馆参观人数和剧场上座率的减少将严重打击城市。较高的旅行费用会首先影响旅游城市，如迈阿密的奥兰多、拉斯维加斯和旧金山，这些城市依靠远方来的游客。其次，航空公司削减了那些没有多少盈利的航线，已经减少了对较小城市所提供的服务，从而影响到这些城市的增长速度。最后，空中旅行费用的上升将减少不必要的商务旅行，如年会和会展，两者对城市产业都是很重要的。因此，无论新居民给城市带来什么优势，短期游客的丧失有可能被抵消掉。

我们现在还很难就目前的萧条对城市的影响做出判断，但这种影响可能类似于高汽油价格对城市的影响。例如，城市已经感受到了休闲和商务旅行减少的伤痛，即酒店入住率和餐馆上座率减少。城市和郊区的住宅建设速度已经减缓，许多城市过去 20 年间经历的市中心房地产的繁荣也随之降温。市政府由于税收的萎缩而产生了严重问题，减少了公共服务的市中心地区成为不那么具有吸引力的居住场所。在目前的萧条期间，许多城市市中心地区的人口可能会萎缩，如同 1970—1990 年那样。

较高的石油价格明显会影响郊区和分散开来的城市，它们依赖于私家车。长期来看，郊区自驾车拥有者可能会更多地选择拼车方式和公共交通，只要那里有公共交通，可能会需要更多的公共汽车线路，至少在密度比较高的郊区会这样。公交导向的社区会获得优势，郊区的城镇中心地区的人口密度会上升。由于郊区是以较低的密度建设起来的，甚至稍微增加一点密度，也需要很长时间才能减少对私家车的依赖，至少对于地方出行是这样。当然，主要变化可能还是表现在出行行为上的。当原油价格达到 60 美元一桶时，在同比价格上，个人汽油的实际支出会轻微下降，这一点揭示出消费者能够如何快速地改变他们驱车出行的习惯，如何快速地用较小排量的私家车去替代较大型的私家车（2008 年上半年，大型小货车和运动型车辆的销售量相应降低了 25%和 30%）。[3] 甚至在汽油价格不再高涨时，这种选择依然维持着。按照交通部的报告，在联邦政府“现金换旧车”项目刺激下，销量最高的 10 种顶级车辆是超小型车、微型车和迷你越野车，这个项目鼓励车主把他们的旧车换成效率更高的车型。[4]

我们期待密度较高的、可以步行的郊区的需求增加。这种增加不仅推动新的开发项目，也帮助了老郊区、内城郊区的发展，毕竟老郊区和内城郊区一般都比较紧凑。随着油价持续上升，购房者可能会考虑出行时间、公共交通接近程度、居住密度和是否紧靠城市中心这样一些因素，于是，那些存量住宅已经衰败、房地产价值低下的老郊区，可能会吸引新居民。近年兴起的都市区边缘的新的远郊社区可能进展得不那么顺利了。远郊住宅购买者用长时间出行换取比较便宜的住宅，当长距离出行变得更为昂贵时，这种拿时间换便宜住宅的方式可能就不具备什么吸引力了。

由于大多数美国人现在居住和工作都在郊区，既通过把新增的工作岗位和零售向郊区居民靠近，也通过开发更为有效的供暖和空调系统，当然还包括生产较小型的、能量使用更有效的小汽车，以及使用非汽油的车辆，如乙醇混合和天然气型，市场有可能会适应高汽油价格。到目前为止，仅有一家制造商生产使用天然气的车辆，而加气站却很少，当然，从许多方面看，天然气代表了最简单的技术变革。全电动的汽车目前还在等待电池技术的革新，现在，气电混合动力是一种选择。2008 年，丰田公司宣布它已经售出了一百多万辆普锐斯混合动力车辆，本田也刚刚推出了它自己的车型。本田最近还介绍了一种氢燃料电池车辆："FCX 克拉里蒂"，据说能量效率是气电混合动力车辆的二倍，而比一般的汽油动力车辆高出三倍以上。当"FCX 克拉里蒂"的价格依然高昂的时候，选择其他的交通方式比较现实。如果汽车制造商能够生产出不受汽油价格控制的汽车，或使用相当少的汽油，那么郊区会得到新的发展。

使用天然气作为动力的车辆减少了损害环境的一氧化碳排放，也减少了多种氮氧化物质的排放。氢燃料电池仅仅排放水，不排放任何引起全球变暖的气体。电动车辆不产生任何排放

（但是，燃油电厂本身会产生有损环境的排放）。如果说我们还有一线希望去应对高油价，那么最能保护能源或能源替代的战略也在改善着全球环境，如驾驶比较小的或能量有效率的车辆，少开车，使用其他交通方式和公交车，增加街区密度，建设能量更为有效的住宅。

1950 年，全球二氧化碳年排放量为 60 亿吨。由于人口增长、城市化、富裕的扩大、全球范围的大规模工业化，到 2008 年，全球二氧化碳年排放量增加了五倍，达到 300 亿吨。如果我们在减排上无所作为的话，到 2058 年，全球二氧化碳年排放量将增加到 600 亿吨。为了控制住全球变暖——实际上，我们现在已经感到了全球变暖所带来的后果，我们必须采取断然的措施才能让目前的排放水平不变，而不在意是否实际减少了排放。例如，为了减少燃煤电厂的数目，美国的核发电能力将必须翻一番。为了减少小汽车的排放，美国人或者要减少每年一半的驱车里程，或者必须把小汽车的效率提高二倍（当然，一些证据表明，拥有更为有效的小汽车，实际上增加了人们的驱车里程）。

建筑使用了大量的能源。住宅建筑和商业建筑的建设、运行消耗了美国当今使用的全部能源的 40%，因而，需要通过减少全球排放要求来改变建筑设计和建设方式。所谓绿色建筑包括了大量的设备和技术。通过使用高透明的玻璃来减少能量消耗，这种玻璃减少了人工照明，减少了电灯产生的热载荷。玻璃涂料或其他遮荫设施阻止产生热的太阳辐射进入建筑。在办公建筑中，照明系统自动与空间中不同部分的自然采光水平相适应，减少人工照明的需要。空调通过楼板而不是天花板布置（大部分建筑正是通过天花板布置空调)，这就意味着，冷空气传播距离变短，室温可以很快降下来，从而节能，增加舒适度。在居住建筑中，可以打开窗户增加自然通风，利用气流和对流降低室温。收集雨水，用于降温系统，灌溉景观。屋顶使用淡色，以放射热能。选择建筑材料，不仅仅基于它们的直接功能，还要考虑到生产、运输、维护和重新利用这些建筑材料等方面的问题。

这些技术方案毫无疑问是有益的，但是，它们掩盖了这样一个基本事实：政治家和企业家不是试图改变行为，达到减少碳排放的目的，而只是向公众散播一种信息，作为一种粉饰。“继续做你正在做的事”就是一个信息，增加太阳能板、风力发电机、竹制地板，等等。然而，使用太阳能取暖的住宅依然是郊区住宅，如果我们必须驱车才能到达那里，甚至使用一辆普瑞斯，这幢郊区住宅依然不是绿色的建筑。大卫·欧文(David Owen)在《绿色都市》(*Green Metropolis*)上写道，“一般的纽约人每年产生7.1公吨的温室气体，任何一个其他美国城市的居民每年产生的温室气体都比纽约人多，纽约人每年产生的温室气体要比全国平均数低30%，全国人均温室气体排放量为24.5公吨；曼哈顿的居民每年产生的温室气体甚至更少”。[5] 欧文提出，真正能够让城市绿起来的，并不是草屋顶和雨水槽，而是密度。例如，在郊区办公园区中，人们在低层和分散开来的建筑中办公，驱车穿梭于这些建筑之中；在城市，人们在紧凑的多层建筑里办公，使用电梯(本身能量有效，因为电梯是配重的)，步行去吃午餐。欧文指出，规划师不应当去接受一个乌托邦的解决方案，或复杂的技术附加组件，而应该研究现存的城市，这种城市实际上已经提供了

"如何实现低影响城市生活的样板",如曼哈顿和香港。[6]

虽然极端高密度的垂直城市保存了更多的能源和资源,但它们并不是真正的模式;简而言之,曼哈顿式生活的需求是有限的。如果美国人真打算大大减少他们的碳消耗,他们就必须考虑提高密度。美国城市人均二氧化碳排放估计两倍于欧洲,美国城市的生态足迹也相应地比欧洲的大,所谓生态足迹,是城市之外用于生产食品、能源和资源供应和垃圾处理的土地面积。[7]弗吉尼亚大学城市规划教授蒂莫西·贝雅特里(Timothy Beatley),也是《绿色城市生活》(*Green Urbanism*)一书的作者,写道,"低密度的汽车导向的美国景观使得可持续发展的生活,如步行、骑自行车或公共交通,困难重重。美国城市的二氧化碳排放量很高,产生着大量的废料,使用着大量的能源和资源"。[8]

让美国人效仿欧洲城市高密度的市中心、不同的住宅模式、对汽车比较低的依赖程度,和高度管理起来的城市开发,将是很困难的。还有别的模式吗?以色列的新城市莫迪因在实现高密度和绿色城市观念上,提供了一些有益的经验。莫迪因地处耶路撒冷和特拉维夫之间,是使用原先的军事备用地建设而成的,那里曾经是一片开放的土地。1989 年莫迪因开始规划,1993 年第一批居民进入,现在的人口已经达到八万。摩西·萨夫迪(Moshe Safdie)领导了这支规划团队,他因"人居 67"而著名,"人居 67"是一个创新的住宅综合体,他称这个综合体为三维社区。他写道,"我期待证明,我们能够建设一个相当于蒙特利尔或波士顿市中心人口密度的城市,又不用在每项特殊城市活动的环境质量上妥协,无论这种城市活动是购物、居住还是工作”。[9] 通过不同的设计方式，努力提高住宅密度，“人居67”基本上采取的是巨型结构的方案。莫迪因与众不同，它是一个受后简·雅各布斯城市设计影响的城市。我问过萨夫迪，雅各布斯如何影响了他的思想。他的回答是，“毫无疑问，雅各布斯的著作对我有很大的影响。当我们受到‘密斯的规划’和城市更新综合征的困扰时，如何对简·雅各布斯的不同看法做出反应是很有意义的。一方面，‘新城市主义’把时钟倒拨了回去；实际上，我感觉到，我们需要面对雅各布斯的寻求一个比较密集的、更具城市环境特征的看法和价值观念”。莫迪因包括了混合的住宅类型：高层的公寓建筑（布置在山丘上，成为标志性建筑）、间隔紧密的家庭连排住宅、大部分（2/3）是三至四层高的无电梯公寓，每个公寓六至八个单元。

萨夫迪把莫迪因描述为一种有意识地去创造的“正常的”城市，而不是一个“规划的”城市。他说，“‘正常的’城市和‘规划的’城市之间的差别涉及公共空间和个别建筑之间的一个比较清晰的相互联系。在‘正常的’城市，建筑沿公共的街道布置。那里有各式各样的建筑类型，它们源于许多建筑师和开发商的长期建设，这样，各式各样的建筑类型提高了个别建筑的个性。相比而言，与大规模项目相联系的‘规划的’城市是巨大的组合，在这个组合中，许多建筑集中簇团布置，没有街道门牌。在莫迪因，我们决定实现一个更为精细的布局和土地的地块化，以及个别建筑设计上的更大多样性”。为了实现这种多样性，萨夫迪的团队采用了一种创新性的规划方法，把总体指导原则与零碎的开发结合起来。总体规划确立主要大道、街区的总体轮廓和城市中心的位置。当然，若干个独立的建筑师和规划师团队授权去做每一个街区的详细城市设计，他们需要遵循城市设计指南。（萨夫迪的团队规划了一个居住街区和城市中心）街区内的住宅场地，被分配给不同的私人开发商去开发（如同“炮台公园城”一样），因此，分散化在建筑层面延续了下来。由于开发商与许多建筑师一道工作，街区规划师在解释萨夫迪的城市指南时严谨程度不一，因而比起大部分规划的社区，莫迪因有了更大的多样性，更像一个正常的城市。

图 11-1　莫迪因的新城市是提高城市密度的典范

强调公共使用使得莫迪因背离了严格的市场基础上的规划社区。例如，居住街区布置在山丘的斜坡上，而峡谷间的洪水被保存起来，用于公园、林荫道、幼儿园、学校、医院和小购物中心的场地。这个城市是按照可以驱车来规划的，但是，大量的住宅被安排在步行到达公用设施的距离之内，人们通过景观化了的步行道接近公用设施，向下延伸到山边，如同旧金山和蒙马特的步行台阶。城市中心的建筑低矮密集，由五至六层的建筑组成，包括办公用途、公共用途和公寓建筑的混合。室内购物中心类似一个商场，包括了社区剧场，与露天市场相邻。这个城市中心的最大特征也许是，没有地面停车场和车库，所有的停车场均在地下。

图 11－2　沿着一条传统街道布置的现代建筑

虽然莫迪因并非是刻意设计成绿色的，但它包括了许多节能和节约资源的方式。密集促进了可步行的范围以及地方公交车系统。像大部分以色列人一样，莫迪因的居民拥有私家车，有通往特拉维夫的火车（20 分钟可以到达特拉维夫），目前正在建

图 11－3　一个购物中心和一个商场一起形成了城市中心，其中包括一个室外的市场和一个社区剧场

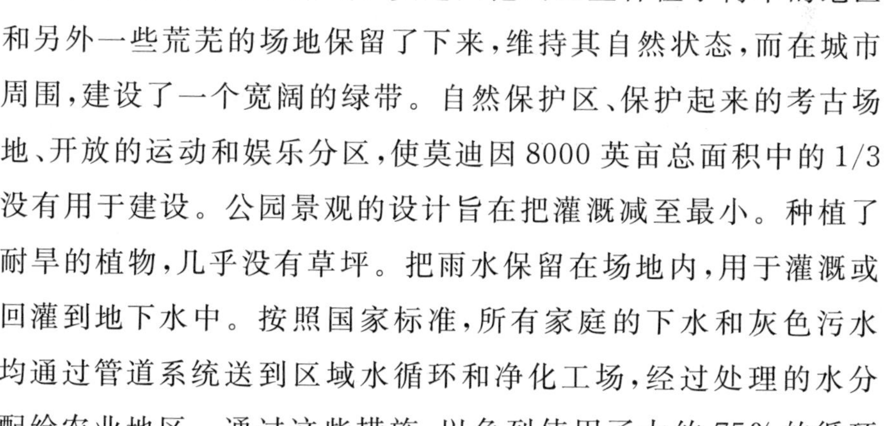

设通往耶路撒冷的铁路线。莫迪因把山丘上种植了树木的地区和另外一些荒芜的场地保留了下来，维持其自然状态，而在城市周围，建设了一个宽阔的绿带。自然保护区、保护起来的考古场地、开放的运动和娱乐分区，使莫迪因 8000 英亩总面积中的 1/3 没有用于建设。公园景观的设计旨在把灌溉减至最小。种植了耐旱的植物，几乎没有草坪。把雨水保留在场地内，用于灌溉或回灌到地下水中。按照国家标准，所有家庭的下水和灰色污水均通过管道系统送到区域水循环和净化工场，经过处理的水分配给农业地区。通过这些措施，以色列使用了大约 75% 的循环水，这是一个重要数据。大约有 90% 的以色列家庭，按照法律使用了太阳能热水炉，莫迪因的每一幢住宅都有屋顶太阳能热

水炉。

环绕莫迪因步行，虽然那里有山丘和棕榈树，我油然而生地感觉到自己走在一个20世纪早期的"田园城市"。随着住宅映入眼帘，这种感觉更为强烈，因为这些住宅大部分采用了遍布以色列的实用现代的风格，当然，有一个街区的住宅屋顶和明亮的色调让我想起了南加利福尼亚。从整体上看，白色的简单建筑与特拉维夫老城区的"国际风格"建筑群一样。莫迪因的规划师曾经一直都在争论，莫迪因是否应该像特拉维夫那样，是一座"白色的城市"（特拉维夫的建筑都装饰和粉刷成白色），抑或像耶路撒冷那样，是一座"石头城"（在耶路撒冷，要求建筑采用石灰石外装饰）。莫迪因的规划师最终决定把两者结合起来：市中心和山谷里的建筑采用石头做外装饰，而其他地方的建筑，或是石膏的，或是石头的。

在谈到莫迪因的设计时，萨夫迪常常提到帕特里克·格迪斯为特拉维夫编制的规划。犹太定居者在1906年建立了特拉维夫城，20世纪20年代，在英国托管巴勒斯坦时期，格迪斯应邀为特拉维夫新城编制一个总体规划，在此之前，他曾经编制过耶路撒冷一个街区的规划。格迪斯按照"田园城市"的原理在城市核心区布置了公园、大道和景观化了的步行林荫道。这个规划的结果是，既像城市也像花园。20世纪30年代，流亡的德国建筑师，如理查德·考夫曼（Richard Kauffman）和埃里希·门德尔松（Erich Mendelsohn），在特拉维夫和耶路撒冷建设了"田园城市"街区。虽然简·雅各布斯在《美国大城市的生与死》中批判了"田园城市"，但是，特拉维夫和耶路撒冷的这些"田园城市”街区一直都很繁荣，直到今天，人们依然非常赞赏和羡慕那里适合人居住和具有吸引力的生活环境。

特拉维夫采用了格迪斯设想的两个具体原则。正如芒福德解释的那样，格迪斯的第一个原则是，以人的尺度来规划城市，避免蔓延开来的现代巨型都市，芒福德把这种蔓延开来的现代巨型都市称之为“对无形象的城市不定形态的最后表达”。[10]芒福德认为格迪斯是“我的师父”。格迪斯的第二个原则是，避免高密度。芒福德认为，“按照每英亩300—400人设计的住宅区，不会产生健康、街区合作或适当的儿童看护的环境，如此之大的人口密度谈不上什么好处”。[11]莫迪因的人口密度大体在每英亩50人，希望城市人口发展到25万，萨夫迪和他的团队已经证明，格迪斯和芒福德的观念至今依然具有相关性。①

莫迪因证明，绿色城市并不要求新型的技术设备，反而需要更多的传统技术：一个好的规划。把这些经验用于美国需要创造性。每英亩50人的人口密度在以色列很普遍，以色列大部分人居住在公寓楼，而大多数美国人则住在独立住宅，人口密度大体在每英亩10—15人。我们还必须实现一种人口密度比较高的生活方式，同时考虑到人们希望在较小的城市以分散的方式居住生活。“广亩”将必须变成“紧凑”。提高密度未必一定意味着高层公寓；我们能够通过在已有城市和城镇实施填充式开发，通过在郊区使用较小的宅基地和更紧凑的住宅布局方式，来提

① 令人惊讶的是，每英亩50人的人口密度与雷蒙德·昂温的“每英亩12个住宅”相同，昂温时代的家庭规模比较大。这个人口密度也类似于中等高度建筑的城市的人口密度，如现在的哥本哈根和斯德哥尔摩。

高城市的密度。提高城市密度还要求比较多样的住宅选择，不只是在大宅基地上建造独立住宅，还可以建设成对连排的住宅、住宅楼、不用电梯的小高层公寓、簇团的村舍式住宅和别墅，等等，所有经过时间考验的、值得重新启用的模式都可以考虑。

低密度社区能够忽略公共空间，但是住宅密度的增加需要更多地注意公共空间和设施，如设计优良的街道、公共空间和城镇中心。莫迪因对开放的绿色空间的创造性使用像"布鲁克林大桥公园"所采用的开发与公园相结合的方式一样，显示生机勃勃的景观对高密度生活的补充。不是勒・柯比西耶的那种"公园里的建筑"，而是建筑和公园。"田园城市"的模式可能是高密度城市发展方式和蔓延开来的郊区发展方式的一种有益的妥协。例如，"林山花园"虽然已经有一百多年的历史了，但至今还有经验可以借取。低层的公寓楼和不同类型独立住宅的混合，可能实现每英亩 35 人的毛密度，这是向提高密度方向迈进的一个良好起点。华盛顿特区的"水场"是一个更为激进、更像城市的解决方案。新旧建筑结合起来，居住与商业使用结合起来，社会的和市场的住宅结合起来，华盛顿特区的"水场"折射出，有可能在没有高层建筑的条件下，实现高密度。

华盛顿特区的"水场"正在建设中，当然，许多新的城市开发还在规划中，目前的萧条已经大大减缓了城市建设和开发的步伐。这种情况的前一次发生可以追溯到 20 世纪 30 年代的大萧条时期，这段建设停滞期一直延续到第二次世界大战结束。它对建筑和城市建设的影响是毁灭性的，不完全是没有完成多少建筑指标。这种干扰不仅仅是形体上的，也是文化上的：办公室关门了，事业削减了，从业者提前退休，实践的延续性中断了。大量专业知识原本可以通过学徒方式一代一代传下来，因为这段建设停滞期，许多专业知识丢失了。20世纪初的城市成就，如“林山花园”，依赖于团队工作，包括开发商、规划师、建筑师、景观建筑师、建筑商和公共管理人员。因为缺少新项目，这些团队形成的网络解体了。这样，到了20世纪50年代，随着经济复苏，当城市开始思考重建和重新规划时，已经没有几个成熟的专业人士了。同时，公众心目中的看法是，时代要求改革。这就解释了为什么如此之多激进的、没有经过检验的城市干预发生了，如城市更新、交通分离、城市高层的社会住房以及郊区蔓延开来的规划社区。

目前停滞的经济已经产生了一种要求，政府应该在公共部门大规模投入。这种开支的大部分，不可避免地会发生在城市和都市区。建筑师和规划师将再次被引导到实现宏大城市远景的道路上来——21世纪的城市更新和“光明城市”的远景。由于政府资助的项目免除了市场所施加的约束，于是有机会用供应一方的规划去替代需求一方的城市社会物质需求；我们告诉他们，他们应该喜欢什么，好像又回到了美好的往昔岁月。我们必须抵制这种诱惑。过去100年的城市经验不应该被搁置一边。小不一定就美，但是，零散地逐渐建设起来的城市却是有长期历史记录的，已被实践证明。有效的规划应该认识到，当市场并非总是正确时，一个个单独决定的集合一般比充满想象力的规划更接近现实，那些令人激动不已的规划毕竟是纸上的。努力去复制“毕尔巴鄂效应”也不是城市振兴的解决办法。历史不是总能对所有的问题做出回答，新的问题有时需要新的解决办法，但是当我们冒着风险进入未来时，不要忽略了历史，这样做总是有益的。这不是怀旧或唤起一个想象中的过去，但割断历史等于完全失去自由。下一个城市将包括新事物，但是不能忽略了它的历史。把过去和现在联系起来，从旧中看到另一种新，一直都是我们改善城市状态的一部分。

致　谢

2007年1月，在华盛顿特区国家建筑博物馆举办的一次公共讲座上，我谈到过这本书中的一些观点，当时我获得了以著名建筑历史学家文森特·斯库利(Vincent Scully)的名誉颁发的一个奖项。我要感谢斯库利和蔡斯·林德(Chase Rynd)，斯库利在建筑和城市观念方面的作品，许多年来一直启发着我；林德是国家建筑博物馆馆长。2008年，我再次回到这个博物馆，在"查尔斯·阿瑟顿纪念讲座"上讨论城市的垂直发展，因为华盛顿特区是美国最后一个保留建筑高度限制的城市，所以，城市的垂直发展是华盛顿人关切的一个主题。

我的有关城市的大量作品首先见诸一年两期的《沃顿房地产评论》(*Wharton Real Estate Review*)，这个半年刊是朋友彼得·李德曼(Peter Linneman)和我合作创立的。我要感谢李德曼富有思想的意见，感谢许多城市学者和房地产专业人士令人振奋的作品，它们出现在过去10年每一期的《沃尔顿房地产评论》上，包括乔纳森·巴内特(Jonathan Barnett)、欧仁妮·L.伯奇(Eugenie L. Birch)、罗伯特·布鲁格曼(Robert Bruegmann)、大卫·德龙(David De Long)、安东尼·唐斯(Anthony Downs)、安德烈斯·杜安尼(Andres Duany)、道格拉斯·弗朗茨(Douglas

Frantz)、查尔斯·E. 弗雷泽(Charles E. Fraser)、乔尔·卡罗(Joel Carreau)、爱德华·L. 格莱泽(Edward L. Glaeser)、雅克 N. 戈登(Jacques N. Gordon)、威廉·格雷斯比(William Grigsby)、约瑟夫·乔科(Joseph Gyourko)、乔尔·科特金(Joel Kotkin)、约翰·兰迪斯(John Landis)、罗伯特·C. 拉尔森(Robert C. Larson)、安妮·V. 穆东(Anne V. Moudon)、兰德尔·奥图尔(Randall O'Toole)、乔杰特·菲利普斯(Georgette Phillips)、哈维·拉比诺维茨(Harvey Rabinowitz)、阿尔伯·B. 拉特纳(Albert B. Rattner)、威廉·罗恩(William Rawn)、肯尼斯·T. 罗森(Kenneth T. Rosen)、萨斯基亚·萨森(Saskia Sassen)、安德烈斯·斯卡博蒂斯基(Andrejs Skaburskis)、罗伯特·A. M. 斯特恩(Robert A. M. Stern)、大卫·苏奇(David Sucher)、安妮塔·萨默斯(Anita Summers)、克里·范戴尔(Kerry Vandell)和苏珊·瓦赫特(Susan Wachter)。感谢"泽尔-鲁瑞(Zell-Lurie)房地产中心"主任乔·吉奥科(Joe Gyourko)对房地产评论杂志的一贯支持。沃顿商学院的同事罗伯特·英曼(Robert Inman)给我一个机会,在《使城市运转起来:城市美国的前景和政策》中撰写一个章节,这项工作促使我探索了本书第九章所涉及的主题。而后,劳埃德·罗德文(Lloyd Rodwin)邀请我到麻省理工学院城市规划系举办了一个讲座(以后形成了《城市规划专业:变化、形象和挑战:1950—2000》这本书),准备这个讲座帮助我澄清了城市规划师对城市形体形式日趋衰退的影响这样一种看法。同时还要感谢内森·格雷泽(Nathan Glazer)对简·雅各布斯的回忆。

这是一本有关场所和观念的书。我很感激迈克·范·瓦肯伯格(Michael Van Valkenburgh)和马特·乌尔班斯基(Matt Urbanski),他们给我讲解了“布鲁克林大桥公园”;感谢大卫·巴尼奥里(David Bagnoli),他陪我去“雷斯顿中心”;感谢德博拉·拉特纳·萨尔茨堡(Deborah Ratner Salzberg)、基尔斯滕·A.布林克(Kirsten A. Brinker)和华盛顿特区森林市的大卫·R.史密斯(David R. Smith)、“城市大西洋”的丹·麦凯布(Dan McCabe),他们提供了有关“水场”的很有用的信息。感谢罗伯特·A.M.斯特恩,他撰文介绍了“林山花园”。亚历山大·库珀(Alex Cooper)和杰奎琳·T.罗伯逊(Jaquelin T. Robertson)与我分享了他们有关“世界贸易中心”场地的早期建议。我还要感谢以色列的老朋友摩西·萨夫迪(Moshe Safdie),他邀请我去莫迪因访问,感谢米龙·科恩(Miron Cohen)朋友般的帮助,感谢大卫·阿兹列里(David Azrieli)慷慨的帮助。斯克莱布诺出版社的南·格雷厄姆(Nan Graham)鼓励我重新撰写和扩大这本书,我还要感谢优秀的编辑保罗·惠特拉奇(Paul Whitlatch)那些改进本书的建议,感谢史蒂夫·博尔特(Steve Boldt)富有见地的审稿工作。我的出版代理人安德鲁·怀利(Andrew Wylie)给我提供了很有益的建议和强有力的支持。我的妻子雪莉·哈勒姆(Shirley Hallam)在我需要时既能给予容忍,也能给予批判。

于费城,栗树山,冰窖

注　　释

Chapter 1:
Remaking the City

1. The competition finalists included leading landscape firms such as the Olin Partnership, Hargreaves Associates, Ken Smith, and Gustafson Guthrie Nichol.
2. Andrew Blum, "The Active Edge," *Metropolismag.com*, posted February 20, 2006.

Chapter 2:
Three Big Ideas

1. John W. Reps, *The Making of Urban America: A History of City Planning in the United States* (Princeton, N.J.: Princeton University Press, 1965), 111.
2. Jaquelin T. Robertson, "The House as a City," *New Classicism: Omnibus Volume*, ed. Andreas Papadakis and Harriet Wilson (London: Academy Editions, 1990), 234.
3. Quoted by Reps, *Urban America*, 248.
4. Allan Greenberg, *George Washington, Architect* (London: Andreas Papadakis Publisher, 1999), 129.
5. Reps, *Urban America*, 352.
6. Charles Mulford Robinson, "Improvement in City Life: Aesthetic Progress," *Atlantic Monthly* 83 (June 1899): 771.
7. Ibid.
8. Charles Mulford Robinson, "Municipal Art in Paris," *Harper's Magazine* 103 (July 1901): 200–207; "Belgium's Art Crusade,"

Harper's Magazine 104 (February 1902): 443–52; "Art Effort in British Cities," *Harper's Magazine* 105 (October 1902): 787–96.

9. Lewis Mumford, *The City in History: Its Origins, Its Transformations, and Its Prospects* (New York: Harcourt, Brace & World, 1961), 620.
10. Charles Mulford Robinson, *Modern Civic Art: or The City Made Beautiful* (New York: Knickerbocker Press, 1918; orig. pub. 1903), 29.
11. Charles Mulford Robinson, *The Improvement of Towns and Cities: or The Practical Basis of Civic Aesthetics* (New York: Knickerbocker Press, 1901), 286.
12. Robinson, *Modern Civic Art,* 193.
13. Robinson, *Improvement,* 211.
14. Robinson, "Improvement," 772.
15. See William H. Wilson, *The City Beautiful Movement* (Baltimore: Johns Hopkins University Press, 1989).
16. Robert A. M. Stern, *Pride of Place: Building the American Dream* (Boston: Houghton Mifflin, 1986), 307.
17. Robinson, "Improvement," 771.
18. Vincent Scully, *American Architecture and Urbanism* (New York: Henry Holt, 1988; orig. pub. 1969), 138.
19. Witold Rybczynski, "An Open Space of Turf," in *The National Mall: Rethinking Washington's Monumental Core,* ed. Nathan Glazer and Cynthia R. Field (Baltimore: John Hopkins University Press, 2008), 54–65.
20. Robinson, *Modern Civic Art,* 137.
21. "Three Hundred Leading Spring Books," *New York Times,* April 16, 1916.
22. Robinson, *Modern Civic Art,* iii.
23. Greg Hise and William Deerell, *Eden by Design: The 1930 Olmsted-Bartholomew Plan for the Los Angeles Region* (Berkeley: University of California Press, 2000), 292.
24. Witold Rybczynski, A *Clearing in the Distance: Frederick Law Olmsted and America in the Nineteenth Century* (New York: Scribner, 1999), 293.
25. Edward Bellamy, *Looking Backward, 2000-1887,* ed. John L. Thomas (Cambridge, Mass.: Harvard University Press, 1967), 115.
26. Robert Beevers, *The Garden City Utopia: A Critical Biography of Ebenezer Howard* (New York: St. Martin's Press, 1988), 70.

27. Unwin was greatly influenced by the Viennese city planner Camillo Sitte, author of the classic study *The Art of Building Cites: City building according to artistic fundamentals*, trans. Charles T. Stewart (Westport, Conn.: Hyperion Press, 1991; orig. pub. in English 1945; orig. pub. 1889). See also Walter L. Creese, "An Extended Planning Progression," introduction to Raymond Unwin, *Town Planning in Practice: An Introduction to the Art of Designing Cities and Suburbs* (New York: Princeton Architectural Press, 1994; orig. pub. 1909), xii–xiii.
28. Robert A. M. Stern and John Montague Massengale, eds., *The Anglo-American Suburb* (London: Architectural Design Profile, 1981), 42.
29. Robert W. de Forest to Frederick Law Olmsted Jr., December 7, 1908, Rockefeller Archive, Pocantico Hills, N.Y.
30. Frederick Law Olmsted Jr. to Robert W. de Forest, December 20, 1908, Rockefeller Archive, Pocantico Hills, N.Y.
31. For a history of Forest Hills see Susan L. Klaus, A *Modern Arcadia: Frederick Law Olmsted, Jr. & the Plan for Forest Hills Gardens* (Amherst and Boston: University of Massachusetts Press, 2002), 31.
32. See Peter Pennoyer and Anne Walker, *The Architecture of Grosvenor Atterbury* (New York: W. W. Norton & Company, 2009), 81–82.
33. Ibid., 176.
34. De Forest to Olmsted, December 20, 1908.
35. Pennoyer and Walker, *Grosvenor Atterbury*, 158.
36. Lewis Mumford, "Mass-Production and the Modern House," *Architectural Record*, January 1930, 110-16.
37. De Forest to Olmsted, December 20, 1908.
38. Stern, *Pride of Place*, 143.
39. These projects are described in Stern and Massengale, *Anglo-American Suburb*.
40. Le Corbusier and Pierre Jeanneret, *Oeuvre Complète de 1910-1929* (Zurich: Les Éditions d'Architecture Erlenbach, 1946), 34.
41. Le Corbusier, *The City of Tomorrow and Its Planning*, trans. Frederick Etchells (New York: Dover, 1987; orig. pub. in English 1929; orig. pub. 1925), 163.
42. Le Corbusier and Jeanneret, *Oeuvre Complète*, 34.
43. Ibid., 104.
44. See Le Corbusier, City, 278–79; Kenneth Frampton, *Le Cor-*

busier: Architect of the Twentieth Century* (New York: Harry N. Abrams, 2002), 3.33.
45. Le Corbusier, *City*, 281.
46. Ibid., 177.
47. W. Franklyn Paris, "The International Exposition of Modern Industrial and Decorative Art," *Architectural Record* 58, no. 4 (October 1925): 365–85.
48. *Encyclopédie des Arts Décoratifs et Industriels Modernes au XXème Siècle, vol. 2: Architecture* (Paris: Imprimerie Nationale, 1925), 44–45.
49. Le Corbusier, *City*, 8.
50. Le Corbusier, *La Ville Radieuse* (Paris: Vincent, Fréal & Cie., 1964; orig. pub. 1933), 104. Translated by author.
51. Charles Jencks, *Le Corbusier and the Tragic View of Architecture* (Cambridge, Mass.: Harvard University Press, 1973), 120.
52. Robert Hughes, *The Shock of the New* (New York: Alfred A. Knopf, 1991), 191.
53. A description of the Futurama is included in David Gelernter, *1939: The Lost World of the Fair* (New York: The Free Press, 1995), 19-25.
54. Alexander Garvin, *The American City: What Works, What Doesn't* (New York: McGraw-Hill, 1996), 124.

Chapter 3: Home Remedies

1. For example, Jane Jacobs, "Washington," *Architectural Forum*, January 1956, 93–115; "Typical Downtown Transformed," *Architectural Forum*, May 1956, 145–55.
2. Jane Jacobs, "The Missing Link in City Redevelopment," *Architectural Forum*, June 1956, 133.
3. Lewis Mumford, "Home Remedies for Urban Cancer," in *The Lewis Mumford Reader*, ed. Donald L. Miller (New York: Pantheon Books, 1986), 186. Orig. pub. as "Mother Jacobs' Home Remedies," *New Yorker*, December 1, 1962.
4. Alice Sparberg Alexiou, *Jane Jacobs: Urban Visionary* (New Brunswick, N.J.: Rutgers University Press, 2006), 61–62.
5. William H. Whyte Jr. "Are Cities Un-American?" *Fortune*, September 1957, 124.

6. Alexiou, *Jacobs*, 62-63.
7. Jane Jacobs, "Downtown Is for People," *Fortune*, April 1958, 133.
8. Ibid., 242.
9. Harrison E. Salisbury, review of *The Exploding Metropolis, New York Times Book Review*, October 5, 1958.
10. Nathan Glazer, "Why City Planning Is Obsolete," *Architectural Forum*, July 1958, 96.
11. Ibid., 97.
12. Ibid., 98.
13. Epstein had recently joined Random House after founding Anchor Books, where he had published *The Exploding Metropolis*.
14. Jane Jacobs, *The Death and Life of Great American Cities* (New York: Random House, 1961), 3.
15. Ibid., 25.
16. Ibid., 19.
17. Ibid., 23.
18. Ibid., 87–88.
19. Ibid., 372.
20. Lloyd Rodwin, review of *The Death and Life of Great American Cities, New York Times Book Review*, November 5, 1961.
21. Jacobs, *Death and Life*, 20.
22. Mumford, "Home Remedies," 196.
23. Ibid., 194.
24. Ibid., 197.
25. Ibid., 191
26. Ibid., 197.
27. Jacobs, *Death and Life*, 376–77.
28. Ibid., 391.

Chapter 4: Mr. Wright and the Disappearing City

1. Frank Lloyd Wright, *Modern Architecture, Being the Kahn Lectures for 1930* (Princeton: Princeton University Press, 1931), 101.
2. Ibid., 110.
3. Ibid., 103.
4. Le Corbusier, "A Noted Architect Dissects Our Cities," *New York Times Magazine*, January 3, 1932, 10.

5. Ibid.
6. Meryle Secrest, *Frank Lloyd Wright* (New York: Alfred A. Knopf, 1992), 392–94.
7. Frank Lloyd Wright, "Towards a New Architecture," *World Unity*, September 1928, in *Frank Lloyd Wright Collected Writings, Vol. 1, 1894–1930*, ed. Bruce Brooks Pfeiffer (New York: Rizzoli, 1992), 317–18.
8. Frank Lloyd Wright, "Broadacre City: An Architect's Vision," *New York Times Magazine*, March 20, 1932, 8.
9. Portions of Wright's *New York Times* essay, which contained specific rebuttals to Le Corbusier's previous article, appear verbatim in *The Disappearing City*.
10. Frank Lloyd Wright, *The Disappearing City* (New York: William Farquhar Payson, 1932), 17.
11. Ibid., 31.
12. Catherine K. Bauer, "When Is a House Not a House?" *Nation* 136 (January 25, 1933): 99–100.
13. R. L. Duffus, review of *The Disappearing City*, *New York Times Book Review*, December 11, 1932, 3.
14. Frank Lloyd Wright, *The Living City* (New York: New American Library, 1970; orig. pub. 1958), 230.
15. George Fred Keck, review of *The Disappearing City*, *Journal of Land & Public Utility Economics* 9, no. 2 (May 1933): 16.
16. Lewis Mumford, "The Ideal Form of the Modern City" in *The Lewis Mumford Reader*, ed. Donald L. Miller (New York: Pantheon Books, 1986), 163. Orig. pub. as "The Modern City," in *Forms and Functions of Twentieth-Century Architecture*, vol. 4, *Building Types*, ed. Talbot Hamlin (New York: Columbia University Press, 1952).
17. David G. De Long, "Frank Lloyd Wright and the Evolution of the Living City," in *Frank Lloyd Wright and the Living City*, ed. David G. De Long (Milan: Skira Editore, 1998), 42.
18. Frank Lloyd Wright, *When Democracy Builds* (Chicago: University of Chicago Press, 1945), 121.
19. Quoted in Brendan Gill, *Many Masks: A Life of Frank Lloyd Wright* (New York: G. P. Putnam's Sons, 1987), 477.

Chapter 5:
The Demand-Side of Urbanism

1. Michael Barone, "The Seventies Shift," *The Wilson Quarterly* 33, no. 4 (Autumn 2009): 42.
2. Jon C. Teaford, *The Twentieth-Century American City: Problem, Promise, and Reality* (Baltimore: Johns Hopkins University Press, 1986), 127-50.
3. Alexander Garvin, *The American City: What Works, What Doesn't* (New York: McGraw-Hill, 1996), 1.
4. Ibid., 2.
5. Lewis Mumford, "Yesterday's City of Tomorrow," in *The Lewis Mumford Reader*, ed. Donald L. Miller (New York: Pantheon Books, 1986), 181. Orig. pub. as "The Future of the City: Part 2—Yesterday's City of Tomorrow," *Architectural Record* 132, no. 5 (November 1962).
6. Discussed more fully in Witold Rybczynski, "Bauhaus Blunders," *Public Interest* 113 (Fall 1993): 82–90.
7. Jonathan Barnett, *The Elusive City: Five Centuries of Design, Ambition and Miscalculation* (New York: Harper & Row, 1986), 238.
8. Jane Jacobs, *The Death and Life of Great American Cities* (New York: Random House, 1961), 269.
9. Witold Rybczynski, "America's Favorite Buildings," *Wharton Real Estate Review* 11, no. 2 (Fall 2007): 94–105.
10. For example, Chestnut Hill in Philadelphia, Shaker Heights in Cleveland, Country Club District in Kansas City, Beverly Hills and Palos Verdes in Los Angeles, River Oaks in Houston, Druid Hills in Atlanta, and Coral Gables in Miami.
11. Elizabeth Hawes, *New York, New York: How the Apartment House Transformed the Life of the City (1869–1930)* (New York: Alfred A. Knopf, 1993), ch. 4.
12. Apartment living took hold in New York in 1927. "That year, for the first time in a century, the Building Department did not receive a single application for permission to build a private house for six months." Ibid., 237.
13. Jacobs, *Death and Life*, 448.
14. Roger Montgomery, "Is There Still Life in the Death and Life?" *Journal of the American Planning Association* 64, no. 3 (Summer 1998): 275.

15. See Herbert J. Gans, "Jane Jacobs: Toward an Understanding of 'Death and Life of Great American Cities,'" *City & Community* 5, no. 3 (September 2006): 213.
16. Herbert J. Gans, "City Planning and Urban Realities," *Commentary* 33 (1962): 173.
17. Ibid., 172.
18. Ibid.
19. Jacobs, *Death and Life*, 391.
20. Vincent Scully, "The Architecture of Community," in *The New Urbanism: Toward an Architecture of Community*, ed. Peter Katz (New York: McGraw-Hill, 1994), 221.
21. Martin Meyerson et al., *The Face of the Metropolis* (New York: Random House, 1968), 23.
22. Andrejs Skaburskis, "New Urbanism and Sprawl: A Toronto Case Study," *Journal of Planning Education and Research* 25 (2006): 233.

Chapter 6: Arcades and Malls, Big Boxes and Lifestyle Centers

1. Nicolas Brazier, *Histoire des petits théâtres de Paris* (Paris: Allardin, 1838),105.
2. Victor Gruen, *The Heart of Our Cities: The Urban Crisis: Diagnosis and Cure* (New York: Simon & Schuster, 1964), 194.
3. Joel Garreau, *Edge City: Life on the New Frontier* (New York: Doubleday, 1991), 465.
4. Jonathan Barnett, *Redesigning Cities: Principles, Practice, Implementation* (Chicago: Planners Press, 2003), 52.
5. For example, ZCMI Center in Salt Lake City, Water Tower Place in Chicago, the Gallery at Market East in Philadelphia, Stamford Town Center in Stamford, Connecticut, and Horton Plaza in San Diego.
6. Bernard J. Frieden and Lynne B. Sagalyn, *Downtown, Inc.: How America Rebuilds Cities* (Cambridge, Mass.: MIT Press, 1992), 311-12 .
7. Peter Linneman and Deborah C. Moy, "The Evolution of Retailing in the United States," *Wharton Real Estate Review* 7, no. 1 (Spring 2003): 50.

8. Phil Patton, *Made in USA: The Secret Histories of the Things That Made America* (New York: Grove Weidenfeld, 1992), 252–64.
9. Although the term *lifestyle center* is said to have been coined by a Memphis-based developer, Poag & McEwen, in the late 1980s, lifestyle centers did not become popular until the following decade.
10. David Dillon, "Dallas experiments with instant urbanism at Victory," *Architectural Record*, October 2006, 82.
11. See also Victoria Gardens in Rancho Cucamonga, California, and Crocker Park in Westlake, Ohio.
12. Elsa Brenner, "A Piazza for a Maryland Suburb," *New York Times*, November 22, 2006, C7.
13. Lake Anne Village, with housing clusters designed by Washington, D.C., architect Charles M. Goodman, was the only village to adopt a modernist layout. Other village centers at Reston resemble conventional strip malls.
14. Alan Ward, "Certainty to Flexibility: Planning and Design History, 1963-2005," in *Reston Town Center: A Downtown for the 21st Century*, ed. Alan Ward (Washington, D.C.: Academy Press, 2006), 40.
15. Ibid., 73.
16. Garreau, *Edge City*.
17. Ibid., 3.
18. Robert A. M. Stern, "Designing the Suburban City," in *Reston Town Center*, 173.

Chapter 7: On the Waterfront

1. Le Corbusier, *The City of Tomorrow and Its Planning*, trans. Frederick Etchells (New York: Dover, 1987; orig. pub. in English 1929; orig. pub. in French 1925), 165.
2. William H. Wilson, *The City Beautiful Movement* (Baltimore: Johns Hopkins University Press, 1989), 128.
3. Robin Karson, *A Genius for Place: American Landscape for the Country Place Era*, Library of American Landscape History (Amherst: University of Massachusetts Press, 2007), 25.
4. Wilson, *City Beautiful*, 146.
5. Karson, *Genius*, 36.

6. Wilson, *City Beautiful*, 139.
7. Daniel H. Burnham and Edward H. Bennett, *Plan of Chicago* (New York: Princeton Architectural Press, 1993; orig. pub. 1909), 97.
8. Marc Levinson, *The Box: How the Shipping Container Made the World Smaller and the World Economy Bigger* (Princeton, N.J.: Princeton University Press, 2006), 48–53.
9. Ibid., 96.
10. Alexander Garvin, *The American City: What Works, What Doesn't* (New York: McGraw-Hill, 1996), 112.
11. Ibid., 53–54.

Chapter 8: The Bilbao Anomaly

1. Ann L. Strong and George E. Thomas, *The Book of the School: 100 Years of the Graduate School of Fine Arts of the University of Pennsylvania* (Philadelphia: GSFA, 1990), 141.
2. The case for a piecemeal approach to urban design is argued by Christopher Alexander et al., *A New Theory of Urban Design* (New York: Oxford University Press, 1987).
3. "The Downtown We Don't Want," *New York Times*, July 17, 2002, A18.
4. Paul Goldberger, "The Sky Line: Groundwork," *New Yorker*, May 20, 2002, 91.
5. Edward Wyatt, "Officials Rethink Building Proposal for Ground Zero," *New York Times*, July 21, 2002, A1.
6. Quoted by Paul Goldberger, "The Sky Line: Designing Downtown," *New Yorker*, January 6, 2003, 90.
7. Jane Jacobs, *The Death and Life of Great American Cities* (New York: Random House, 1961), 25.
8. Philip Nobel, *Sixteen Acres: Architecture and the Outrageous Struggle for the Future of Ground Zero* (New York: Metropolitan Books, 2005), 115.
9. Barry Bergdoll, *European Architecture, 1750-1890* (Oxford: Oxford University Press, 2000), 269-79.
10. Ibid., 276.
11. Charles Jencks, *The Iconic Building* (New York: Rizzoli, 2005), 33.

12. Ibid., 12.
13. Quoted by Sheri Olson, "For the Bellevue Arts Museum, which values making art as well as viewing it, Steven Holl invented a place that engages visitors with architecture—and with one another," *Architectural Record*, August 2001, 81.
14. Nobel, *Sixteen Acres*, 26.
15. Witold Rybczynski, "America's Favorite Buildings," *Wharton Real Estate Review* 11, no. 2 (Fall 2007): 97.
16. Dorothy Spears, "When the Final Touch Is the Exit Door," *New York Times*, March 12, 2008, H1.
17. Ibid.
18. Olson, "Bellevue Arts Museum," 81.
19. Spears, "Final Touch," H1. The Bellevue Arts Museum reopened in 2005 as a museum of craft and design.
20. Inga Saffron, "In the Kimmel, an idea that exceeded reality," *Philadelphia Inquirer*, December 4, 2005, C1. The suit was settled out of court.
21. Nobel, *Sixteen Acres*, 184.
22. Ada Louise Huxtable, "Rebuilding Lower Manhattan," in *On Architecture: Collected Reflections on a Century of Change* (New York: Walker & Company, 2008), 387.
23. David W. Dunlap, "At Rail Hub, Bird Will Still Soar, but with a Bit Less Polish," *New York Times*, May 8, 2008, B2.

Chapter 9: Putting the Pieces Together

1. Robert Bruegmann, *Sprawl: A Compact History* (Chicago: University of Chicago Press, 2005), 26–27.
2. Nicholas Confessore, "Cities Grow Up, and Some See Sprawl," *New York Times*, August 6, 2006.
3. Jonathan Barnett, *Redesigning Cities: Principles, Practice, Implementation* (Chicago: Planners Press, 2003), 36–39.
4. Lisa Chamberlain, "Building a City Within the City of Atlanta," *New York Times*, May 24, 2006.
5. Quoted in Brent W. Ambrose and William Grigsby, "Mixed Income Groups in Public Housing," *Wharton Real Estate Review* 3, no. 2 (Fall 1999): 7.

Chapter 10: The Kind of Cities We Want

1. Mayor Rendell's talk took place on April 9, 1996, at the Rittenhouse Hotel.
2. John W. Reps, *The Making of Urban America: A History of City Planning in the United States* (Princeton, N.J.: Princeton University Press, 1965), 90.
3. Andres Duany, Elizabeth Plater-Zyberk, and Jeff Speck, *Suburban Nation: The Rise of Sprawl and the Decline of the American Dream* (New York: North Point Press, 2000).
4. *Denver Tops List of Favorite Cities*, A Social and Demographic Trends Report (Washington, D.C.: Pew Research Center, January 29, 2009), 3.
5. According to the U.S. Census, between 1980 and 2006, the population grew from 227 million to 300 million (an increase of 32 percent), while the number of people living in cities larger than one hundred thousand grew from 51 million to 81 million (an increase of 59 percent).
6. Irving Kristol, "Urban Civilization & Its Discontents," *Commentary* 50 (July 1970): 31.
7. Ibid.
8. Office of Technology Assessment, *The Technological Reshaping of Metropolitan America* (Washington, D.C.: U.S. Government Printing Office, September 1995), 12.
9. Edward L. Glaeser, "Houston, New York Has a Problem," *New York Sun*, July 16, 2008, 4.
10. Ibid.
11. *Denver Tops List*, 5.
12. David Brooks, "I Dream of Denver," *New York Times*, February 17, 2009, A29.
13. See Blake Gumprecht, *The American College Town* (Amherst, Mass.: University of Massachusetts Press, 2008).
14. Kristol, "Urban Civilization," 31.
15. According to the U.S. Census, the total number of people living in cities larger than 250,000 was 39.4 million in 1960, 42.3 million in 1970, and 52.1 million in 2006. The corresponding figures for cities between 25,000 and 250,000 were 36.6 million in 1960, 45.8 million in 1970, and 81.7 million in 2006. Measured

as a percentage of the total population living in cities (115.9 million in 1960, and 186.1 million in 2006), the big cities' share dropped from 34.0 percent in 1960 to 28.0 percent in 2006, whereas the small cities' share rose from 31.6 percent in 1960 to 43.9 percent in 2006.

16. *Denver Tops List*, 5.
17. Joel Garreau, "Face-to-Face Places," *Wharton Real Estate Review* 12, no. 1 (Spring 2008): 73.
18. Ibid.
19. "The 2008 Global Cities Index," *Foreign Policy*, November/December 2008.
20. Edward L. Glaeser, "Why Economists Still Like Cities," *City Journal*, Spring 1996, 44.
21. Eugenie Ladner Birch, "Having a Longer View on Downtown Living," Journal of the American Planning Association 68, no. 1 (2002): 5–21.
22. Eugenie Ladner Birch, "Who Lives Downtown?" Living Cities Census Series (Washington, D.C.: The Brookings Institution, November 2005), 5.
23. Ibid., 7.
24. Joel Kotkin, *The City: A Global History* (New York: Modern Library, 2005), xvii.

Chapter 11: The Kind of Cities We Need

1. Clifford Krauss, "Gas Prices Send Surge of Riders to Mass Transit," *New York Times*, May 10, 2008, A1.
2. Alan Pisarski, *Commuting in America III*, Transportation Research Board study, October 16, 2006. http://onlinepubs.trb.org/onlinepubs/nchrp/CIAIIIfacts.pdf.
3. Bill Vlasic and Nick Bunkley, "Toyota Scales Back Production of Big Vehicles," *New York Times*, July 11, 2008, C1.
4. Department of Transportation press release, August 26, 2009, http://www.dot.gov/affairs/2009/dot13309.htm.
5. David Owen, *Green Metropolis: Why Living Smaller, Living Closer, and Driving Less Are the Keys to Sustainability* (New York: Riverhead Books, 2009), 2–3.
6. Ibid., 285.

7. Timothy Beatley, *Green Urbanism: Learning from European Cities* (Washington, D.C.: Island Press, 2000), 4–5.
8. Ibid., 3–4.
9. Moshe Safdie, *For Everyone a Garden* (Cambridge, Mass.: MIT Press, 1974), 4.
10. Lewis Mumford, "The Disappearing City," in *The Lewis Mumford Reader*, ed. Donald L. Miller (New York: Pantheon Books, 1986), 112. Orig. pub. as "The Future of the City: Part I—the Disappearing City," *Architectural Record* 132, no. 4 (October 1962).
11. Lewis Mumford, "The Choices Ahead," in Miller, *Lewis Mumford Reader*, 239. Orig. pub. in *The Urban Prospect: Essays* (New York: Harcourt Brace and World, 1968).

译者后记

《嬗变的大都市》的确值得一读。书中说的美国那些事，的确也成了当今中国的这些事。号称中国第一高楼（632 米）的“上海中心”已经封顶，夸口世界第一高楼（838 米）的长沙“天空城市”正在媒体上炒得沸沸扬扬；据悉目前已批准建轨道交通的城市有 36 个，到 2020 年，我国城市轨道交通里程将近 6000 公里，投资将达四万亿元人民币；与此同时，城市债务账本上糊的那层纸竟被人捅了几个大窟窿。

由此我想到手边这本刚刚为商务印书馆翻译完的《嬗变的大都市》，尤其在这本书中，雷布琴斯基教授用一个章节来阐述那个“毕尔巴鄂异常”现象，来嘲讽美国城市建设一贯攀比、跟风、赶时髦的那句美国俗语“跟着琼斯走”（To keep up the Joneses）；用为那些被媒体、房地产大亨及其大众称之为“给猪抹口红”（It’s like a pig lipstick）的建筑师和城市设计师叫屈的“世界贸易中心场地”设计案例，来说明“雅各布斯大妈的偏方”（Mother Jacobs home remedies）如何不灵验的那些案例，甚至那些用来反复忠告规划师和建筑师不要把城市设计仅仅看成纯粹技术问题的那些案例。

正如雷布琴斯基教授所说，“城市不是在真空中成长起来的。城市社会物质需求不能割断历史，我们不仅不能在形体上把城市与历史分割开来，同样，我们也不能在思想上把城市社会物质需求与历史分割开来”。这不正是我们当今思考“新型城镇化道路”时必须坚持的历史唯物主义哲学吗？

《嬗变的大都市》是一本有关“城市观念”的著作。也许书中讲到的“宏伟构想”我们并不陌生，但是那些“宏伟构想”的历史命运究竟如何？那些“宏伟构想”如何演变成“跬步”“模块”，最终形成今天我们所看到的城市？我们还需要聆听雷布琴斯基教授娓娓道来。因此，我力荐各位读者，抽时间读读这本书。

叶齐茂　倪晓晖

2013 年 8 月于澳大利亚墨尔本

图书在版编目(CIP)数据

嬗变的大都市:关于城市的概念/(美)维托尔德·雷布琴斯基著;叶齐茂,倪晓晖译.--北京:商务印书馆,2024.--(汉译世界学术名著丛书:120年纪念版:珍藏本:增订本).--ISBN 978-7-100-24003-1

Ⅰ. F299.712

中国国家版本馆 CIP 数据核字第 2024J3L204 号

汉译世界学术名著丛书
(120 年纪念版·珍藏本·增订本)
嬗变的大都市
——关于城市的概念
〔美〕维托尔德·雷布琴斯基 著
叶齐茂 倪晓晖 译

商务印书馆出版
(北京王府井大街 36 号 邮政编码 100710)
商务印书馆发行
北京中科印刷有限公司印刷
ISBN 978-7-100-24003-1

2024 年 5 月第 1 版　　开本 710×1000 1/16
2024 年 5 月北京第 1 次印刷　　印张 14¼
定价:80.00 元